U0610802

高等院校"十三五"工商管理经典案例丛书

企业文化案例

Corporate Culture Case

主 编 屈燕妮 周 鸿
副主编 孙晓光 冯利伟

经济管理出版社
ECONOMY & MANAGEMENT PUBLISHING HOUSE

图书在版编目（CIP）数据

企业文化案例/屈燕妮，周鸿主编. —北京：经济管理出版社，2017.6
ISBN 978-7-5096-5243-5

Ⅰ.①企…　Ⅱ.①屈…②周…　Ⅲ.①企业文化—案例　Ⅳ.①F272-05

中国版本图书馆 CIP 数据核字（2017）第 168362 号

组稿编辑：王光艳
责任编辑：许　艳
责任印制：黄章平
责任校对：赵天宇

出版发行：经济管理出版社
　　　　　（北京市海淀区北蜂窝 8 号中雅大厦 A 座 11 层　100038）
网　　址：www. E-mp. com. cn
电　　话：（010）51915602
印　　刷：玉田县昊达印刷有限公司
经　　销：新华书店
开　　本：720mm×1000mm/16
印　　张：11.75
字　　数：178 千字
版　　次：2017 年 10 月第 1 版　2017 年 10 月第 1 次印刷
书　　号：ISBN 978-7-5096-5243-5
定　　价：38.00 元

·版权所有　翻印必究·

凡购本社图书，如有印装错误，由本社读者服务部负责调换。
联系地址：北京阜外月坛北小街 2 号
电　话：（010）68022974　　邮编：100836

前 言

对企业文化的研究始于 20 世纪七八十年代美国学者对日本经济崛起的探究，多年来一直是管理学界研究的热点问题之一。企业文化越来越成为企业的核心竞争力。企业文化是企业发展的 DNA。

美国兰德公司、麦肯锡公司等通过对全球卓越企业的研究，得出结论认为：世界 500 强胜出其他公司的非常重要的原因之一在于，这些公司善于给自己的企业文化注入活力。阿里巴巴的马云在谈企业文化建设的重要性时提出：成立任何企业的第一要素是要明白自己的企业为何而存在，也就是明白企业的使命。使命是高、大、伟还是低、俗、凡并不重要，重要的是你和你创始的团队要真正地相信这一使命。因为是真信还是口号决定了你这家公司的精气神。

本书精选国际、国内企业文化建设与塑造的相关案例，安排以下几方面内容：企业文化与企业竞争力、企业文化建设、企业文化测量、企业文化设计、企业文化实施、企业文化变革、企业伦理与社会责任、领导者与企业文化、跨文化管理。本书结合编著者多年的教学、科研经验，利用深入企业做课题、做培训的机会，积累了第一手资料，编写了部分内蒙古自治区企业文化案例。

本书可以作为企业文化课程案例教学的配套教材，也希望本书能为我国从事企业管理、企业文化研究与实践的人员提供参考。

目 录

企业文化与企业竞争力篇

内蒙古S公司企业文化与企业绩效相关性研究

企业在竞争日益激烈的环境下生存，不仅要关注当前的生存，更要重视未来的发展；不仅要关注硬件管理，更要重视文化软实力；不仅要关注业绩评价的财务指标，更要重视非财务指标。本案例通过对内蒙古S环保材料股份有限公司企业文化的实证调查研究来认识企业文化与企业绩效的相关关系以及彼此之间所具有的现实意义，通过认识总结优良的企业文化作用下实现的优良企业绩效，汲取优秀的企业文化，对文化建设中存在的问题提出建设策略，使企业充分平衡企业文化与企业绩效的关系，最终实现用优良的企业文化提升企业经营绩效。

这一过程对其他企业的企业文化变革也具有重要的借鉴意义。

一、公司概况

内蒙古S股份有限公司（以下简称S公司）位于内蒙古鄂尔多斯市蒙西高新技术产业园，是一家大型的环保材料制造企业。从企业筹建到2010年第一条PVA生产线启动，只有S公司的开创者知道创业的艰辛。在公司经营初期，企业生产技术还不成熟，产品的质量和销售量都成为 S 公司生存与发展的关键因素。私营企业要想分得国有企业的市场份额是非常困难的，与此同时，企业的内部业务流程极不规范，业务审批都是通过电话进行，导致客户服务滞后，员工工作效率极低。

在困难时期，S 公司的"白杨树精神"激励着公司每一个人，员工们不抛弃不放弃，迎着困难去发展，S 公司终于在建厂的两年后开始扭亏为盈。2011 年 S 公司积极建设科学的业务制度，充分利用企业办公 OA 平台进行业务的规范管理，企业业务实行固定流程，提高了员工的办事效率，提升了客户满意度，使得产品年产量由最初的 11 万吨提高到了 2011 年的 23 万吨，年销售量由最初的 10.2 万吨增加到了 2011 年的 21.3 万吨，2014 年达到了 39.6 万吨的优秀销售业绩，实现了市场份额的增长。2014 年 S 公司已经对全国市场进行片区化占有和管理，同时成功打开了国际市场，将产品销向世界。在 S 公司追求企业目标，实现企业业绩的过程中是"白杨树精神"给予员工力量，用一种不放弃的精神激励着每一位公司员工，支撑着 S 公司。在业绩与文化形成的过程中 S 公司形成了统一的企业目标、认识了企业的使命和愿景、优化了企业的管理制度、规范了员工的行为、树立了企业的良好形象，最终企业优良的经营绩效与文化一同作用于效益，创造出了良好的企业经营效益。

在众多企业集聚的产业园区中只有 S 公司的企业标识最醒目，红色与橙色渐变的立体"S"造型独特且极具空间感，标立在园区的品牌标识诠释着 S 公司的品牌形象，S 公司作为只有 5 年发展历程的企业，在其生产经营过程中积极建设适合本企业的企业文化，在企业成长上升期完善了企业文化的符号层，并拥有独特的标识、品牌主张和目标。表 1-1 对该企业的企业文化进行了具体介绍。

表 1-1　内蒙古 S 股份有限公司企业文化建设概况

	内蒙古 S 股份有限公司
愿景	创造世界 PVA 三大品牌，打造百年企业
使命	合理利用资源、科学发展产业、清洁高效的产品
团队精神	团结互助、坚韧、奉献 个人干工作，团队干事业

续表

	内蒙古 S 股份有限公司
员工导向	企业与员工双赢 把 S 公司建设成为值得员工荣耀与自豪的家园
规范管理	经营、生产、安全均要严格管理 抓基础管理、抓细节管理——提升管理水平
组织认同	实干不浮夸，低调不张扬 用做人的准则做事，用做事的结果看人
客户导向	企业与客户双赢
社会责任	企业与社会双赢

二、S 公司企业文化与企业绩效的相关性

我国在向西方学习先进的企业文化管理理论知识及实践应用的过程中会有"水土不服"的地方，在后续的企业文化学习与运用中，部分管理学家开始转向对企业文化的细化研究，即对其要素作用下实现的经营绩效以及企业经营所带来的积极效果和显著提升的管理水平的研究。

构成企业文化的主要要素与企业绩效之间存在如表 1-2 所示的相关性。

表 1-2　企业文化要素与企业绩效的相关性

	员工导向	团队合作	使命与愿景	学习和创新	规范管理	组织认同	客户导向	社会责任
总体绩效	正相关	正相关	正相关	正相关	正相关	正相关	正相关	正相关
市场份额	正相关	正相关	正相关	正相关	正相关	正相关	正相关	正相关
销售增长率	正相关	正相关	正相关	正相关	正相关	正相关	正相关	正相关
利润率	正相关	正相关	正相关	正相关	正相关	正相关	正相关	正相关
新产品开发	正相关	正相关	正相关	正相关	正相关	正相关	正相关	正相关
员工满意度	正相关	正相关	正相关	正相关	正相关	正相关	正相关	正相关
工作投入度	正相关	正相关	正相关	正相关	正相关	正相关	正相关	正相关
员工离职率	负相关	负相关	负相关	负相关	负相关	负相关	不显著	负相关
员工缺勤率	不显著	负相关	负相关	负相关	负相关	负相关	不显著	负相关

三、S 公司企业文化对企业绩效的影响

强烈的企业使命和明确的企业愿景以及目标在 S 公司前行的路上为其指明了发展的方向，同时企业成员的积极性也被有效地激发；S 公司在生产经营过程中所实现的企业成员价值、团队精神与凝聚力、企业认同为 S 公司营造了良好的工作环境与人际关系，提高了企业成员的工作投入度与产出效率。组织价值在根本上是靠客户来实现的，而 S 公司的客户满意度文化建设帮助企业对客户需求进行全面理解和适应，从而能够满足客户需求，提高客户对本企业产品、服务的购买量，进而使 S 公司在较短的时间内实现了企业价值，提升了企业效益。

在新的科技革命和产业变革的时代下，全球科技创新呈现出了新的态势和特征，这将给企业带来极大的挑战和机遇。市场变化驱动顾客需求，对于 S 公司这样的高新技术原材料制造企业来说，只有不断地创新技术才能满足日益多样化的客户需求，才能在激烈的竞争环境下生存。企业的革新之路需要硬实力，但更需要文化和精神上的软实力，这种精神的、无声的、无形的力量是其内在的动力。独特的文化具有一种强大的力量，这种力量既是企业的重要资源，更代表企业拥有的实力。看到企业文化所蕴含的力量并对文化进行整合和创新则成为 S 公司增强自身实力的必经之路。

虽然 S 公司起步较晚，但其发展速度与成就还是令人瞩目的。然而，其在生产经营管理的过程中，在文化建设方面还存在着不足与问题。S 公司学习和创新的文化建设方面还处于空白的状态，而对于 S 公司这样以高新技术制造新型环保材料的企业来说，技术和创新是企业立足市场的决定性要素，缺乏技术和创新，进步与发展就无从谈起，不能充分认识到企业文化建设的全面性和系统性，文化建设中任何短板都会成为企业经营管理的制约，实现企业绩效也是非常困难的。

高新技术企业的技术进步最离不开的就是学习和创新，只有在生产技术上不断创新、经营管理上不断革新才能实现良好的经营绩效。S 公司的徐总经理是一个非常勤奋好学的领导者，每周读两本书是他多年不变的习惯，企业成员对徐总

的勤奋与好学都是持肯定与钦佩态度的，没有人不认可徐总的学识与能力。但是仅靠领导者个人的能力和学识是远远不够的，领导者在组织中的作用非常重要但不是决定性的，优秀的企业成员对企业经营的促进作用也是不容小视的。所以企业中高层管理者在不断提升自己素质的同时，要带动企业成员共同学习提升，营造优良的学习环境和氛围。这不仅有利于提高组织成员的素质能力和职业技能，更有利于企业开发新的产品，采用新的管理方法并规范管理，从而更有助于提高组织的运转效率。

S 公司将"创造世界 PVA 三大品牌，打造百年 S 公司"作为企业愿景，表达了 S 公司希望品牌做大，更希望让企业走向世界、"活得长寿"的愿望。社会责任是一个企业长远发展的驱动力，只有承担与企业自身相适应的社会责任，企业才能实现长远发展。S 公司作为一个大型 PVA 绿色循环生产制造企业，严格遵守环保法，做到了废物达标排放。其实，一个企业要想长远发展不仅仅要实现经营利润的最大化，获取更高的效益贡献于社会，同样也是一个优秀企业应尽的义务。S 公司有义务在生产经营过程中不断变革创新，提高自己的废物处理技术，降低能耗，承担一定的社会环境保护的责任。

四、建设优良的企业文化以提高企业绩效

在企业经营发展过程中，企业文化具有强劲的推动力，它带给企业的效益既有有形的，也有无形的，既有显著的经济效益，也有不容忽视的社会效益。企业灵魂的优秀与否决定着企业的高度。在更新速度如此之迅速、面貌变换如此之频繁的新型市场竞争环境下，要实现良好的经营绩效就必须借助企业文化的力量并对之进行建设，从而增强企业文化软实力。在文化建设过程中要结合企业自身情况去汲取优秀的企业文化，让企业文化随企业经营的变化而变化并与之相适应。

1. 明确企业的使命与愿景

使命为企业经营发展指明方向，正确的经营理念和思想的树立也要遵循使

命，相符于愿景。企业制定怎样的经营目标、向着怎样的方向发展、承担着怎样的责任都由使命对其进行指导，所以一家企业在成立时就要有明确的企业使命，真正明白自己是做什么的以及为什么要这样做。企业只有定位明确、目标清晰才能找准自己所要走的路，经营绩效才能得到提升。企业能否长寿在于它对自身未来的展望，即在今后更长的发展路程中企业应该如何去走。我国中小企业的短寿现象与其文化要素有着直接关系，今天不知道自己干什么，也不知道明天将要成为什么样，这样的企业最基本的生存都会成为问题，就更谈不上良好的企业绩效了。

2. 实现企业员工的最大价值

中国企业的文化一直以来是遵循中华民族的优秀文化进行建设的，其实在每家企业的企业文化中我们都能看到中华文化的缩影，并且其对企业的经营管理风格影响深远、作用巨大。中华文化的"仁""礼""义"对企业成员的行为影响深远，指引并规范着企业成员的行为。所以在之后越来越注重人才作用的局面下，"以人为中心"成为众多企业人力管理所遵循的理念。只有充分理解准则才能真正对这种用人观和人才观进行应用，发挥其独有的文化作用。因此企业一方面要充分利用人力资源、挖掘人才潜力，另一方面要注重对企业成员涵养的培养。只要是资源就会是取之有尽的，只有平衡并维护好资源，才能让人才带给企业无限的绩效。给员工归属感可以在提高员工忠诚度的同时留住人才，而情感的寄托和精神的凝聚才会让一个企业拥有真正的凝聚力。用人企业要优化人岗匹配，充分发挥员工的技能和才能，并帮助员工做好职业发展规划，实现员工与企业同成长、同发展。

3. 提升客户满意度

在服务经济下，顾客满意度实际上体现在整个生产经营过程中，不论是有形价值还是无形价值都会对顾客满意度产生重大影响。在企业客户满意度文化建设中一定要遵循全程性，以面向顾客性、持续改进性原则为指导，以顾客需求和感受为标准不断优化生产，做好顾客的售前、售中、售后服务，实现客户满意度的最大化，并使之成为一种文化，从而实现与客户双赢。

4. 建设学习和创新型的企业文化

学习与创新型的企业文化强调的是知识的不断更新、技术管理的不断革新，企业要鼓励员工进行知识学习，不断超越自我。开展企业读书会、企业生产技术交流会以及制定技术创新激励标准都能对员工的学习和创新起到促进作用。学习制度使员工在外力作用下被动学习，而一种开放式的学习文化会让员工的学习具有主动性和积极性，企业成员自主学习习惯的养成会使他们的能力和素质得到提升，良性的人才、技术、知识要素能对提高企业绩效起到积极效果。

5. 建设与自身发展相适应的社会责任文化

社会是具有系统性的，而企业是此系统中非常重要的组成要素，不论是怎样的系统，它都是在各要素的共同作用下运转的，社会运转是否处于良性状态的关键在于企业在其中发挥的作用。社会环境对企业的生产经营有着显著的影响，好的社会环境会对企业绩效的提升起到积极作用，恶劣的社会环境则会起到阻碍作用。企业积极承担社会责任、履行社会义务会对营造良好的社会发展环境起到极大的帮助作用，优良的企业社会责任文化建设会把改善公共事业视为己任，支持各项文化事业，支持教育以及提高人民的文化水平、健康水平都可作为企业社会责任方面的文化建设。只顾眼前利益和当下经营状况的经营管理者，在企业承担社会责任的时候仅仅看到的是企业所失去的眼前利益，而不会考虑到未来企业所能获得的收益和企业所能得到的提升，看不到企业未来的发展，所以就不会有长远的未来；具有长远战略思想的企业经营管理者则会看到承担社会责任对企业效益的积极影响，所以此类企业会积极承担自己所能承担的社会责任，履行自己应尽的社会义务。这也是大企业与小企业、长寿企业与短寿企业的本质区别所在。企业应当在认识责任、承担责任中树立自己独有的良好形象，赢得自己应有的美誉度，在追求效益的同时体现自身价值，最终成为高绩效企业。

附录 1 案例使用说明

1. 教学目的与用途

（1）本案例主要用于《企业文化》课程中"企业文化与企业竞争力"部分的企业文化与企业经营绩效关系的教学，适用于工商管理本科生的教学。

（2）本案例主要通过介绍 S 公司的企业文化与企业经营绩效之间的关系，明确企业文化如何通过意识形成、行动过程、行为结果对企业各方面能力形成影响。通过案例的分析，帮助学生理解和掌握企业文化对企业经营绩效的正反作用力，认识到企业文化是一把"双刃剑"，积极向上的企业文化可以对企业进行有效管理并带动经营业绩的提升，病态的企业文化则会对企业起到毁灭性的作用。

2. 启发思考题

（1）企业文化对企业经营管理发挥的作用是潜移默化的还是立竿见影的？
（2）如何理解企业文化的正作用力和反作用力？

3. 分析思路

（1）让学生掌握企业文化影响企业经营业绩的三种理论。
（2）学生能正确分析企业文化与企业经营业绩之间的关系。
（3）学生要正确理解企业文化对企业管理的正反两方面的影响。

4. 理论依据与分析

美国哈佛大学的约翰·P.科特教授和詹姆斯·L.赫斯克特教授合作，在 1987~1991 年的 4 年多的时间里分四个项目进行深入研究，写成了《企业文化与经营业绩》一书，肯定了企业文化与企业经营业绩之间紧密的关系，企业文化对企业长期经营业绩有重大作用。

科特和赫斯克特发现，所有关于企业文化的著作几乎都要讲企业文化与企业长期经营业绩之间的关系，但彼此之间的观点并不一致。科特和赫斯克特将这些理论观点大致分为三种类型，同时他们采用"理论观点与公司实际对照"的方法分别加以验证。

（1）"强力型理论"及其验证。"强力型理论"，即主张"强力型企业文化必然导致优异的企业经营业绩"。其逻辑前提是将企业文化区分为"强力型企业文化（强文化）和脆弱型企业文化（弱文化）"。所谓强文化，就是一致性和牢固性都很高的企业文化，即价值观念和经营方法被全体职工一致认同并牢记心头。反之，一致性和牢固性都很低的企业文化就是弱文化。

"强力型理论"进行逻辑论证的三个基本点是：①在强文化企业中，全体员工目标一致、方向明确、步调一致，形成了取得经营业绩的强大合力。②价值观念的牢固一致，使员工觉得大家是志同道合的一个群体，容易产生自愿工作或献身企业的心态，这是取得经营业绩的力量源泉。③价值观念的驱动可以避免对官僚主义的依赖，促进企业经营业绩的增长。

"强力型理论"遭到质疑的原因主要有两点：其一，怎么能肯定强文化是原因而优异的经营业绩就是结果呢？实际上，众所周知，优异的经营业绩也会推动强文化的形成。其二，如果强文化的方向错了，即全体职工一致认同并牢记心头的价值观念和经营方法是拙劣的，那也会产生优异的经营业绩吗？

科特和赫斯克特发现：第一，强文化与企业长期经营业绩之间的确存在一种正比例关系；强文化有可能会导致良好的企业经营业绩，良好的企业经营业绩也能产生或强化强文化。第二，这种比例关系十分脆弱，有10家强文化公司虽然有过业绩辉煌的历史，但是也走向衰落。第三，"有4家公司企业文化脆弱却有着卓有成效的企业经营业绩"，"企业文化脆弱的直接原因似乎在于它们都曾在1977~1988年进行过许多大型的企业兼并活动，但其经营业绩的辉煌似乎与这些公司在市场中所处的垄断地位有直接的联系"。

科特和赫斯克特对"强力型理论"的评价：这一理论的重要性至少有三点。①它率先将企业文化与企业长期经营业绩相联系；②它说明了强力型企业文化对企业目标管理、企业活力和企业经营管理的巨大作用；③它引起了人们对这一问题的极大关注。这一理论对于一个团结、积极的社会群体所具有的潜力的观察极有见地。

（2）"策略合理型理论"及其验证。"策略合理型理论"认为，与企业经营业绩相关联的企业文化必须是与企业环境和企业经营策略相适应的文化。企业文化适应性越强，企业经营业绩成效就越大；而企业文化适应性越弱，企业经营业绩就越小。这种理论所说的企业环境主要是指公司的行业环境以及公司的生产经营内容。

"策略合理型理论"的逻辑前提是从"适应性"的角度，即适应还是不适应行业环境的角度来谈企业文化的强与弱，而不是从"一致性和牢固性"的角度来谈企业文化的强与弱。"适应性"是它的关键概念。

"策略合理型理论"进行逻辑论证的基本点：①公司所在的行业不同，生产经营的产品不同，企业文化建设的策略也就不同。一家生产经营高科技产品的公司应该努力建设官僚气息少、创造性思维强、求贤若渴、内部交往坦诚的企业文化；一家生产经营大众化服装的公司，则应该努力建设重视劳动纪律、强调产品质量、具有强烈的生产意识和工程管理意识、注重财务方针政策、熟悉库存物资控制管理的企业文化。显然，大众化服装公司的企业文化不仅不适合于高科技公司，而且也不适合于生产经营高档服装的公司。②企业文化好不好，会不会带来优异的经营业绩，不能抽象地下结论，要看它是否适应企业本身及其行业环境。例如，不必层层报批而能迅速果断决策的企业文化，会使从事兼并咨询的公司取得辉煌的业绩，但会损害传统人寿保险企业的经营业绩；重视尖端科技项目的企业文化，对计算机制造商大有益处，但对交响乐团则毫无用处；经营决策独断专行的企业文化，对小型企业无甚危害，但对大型企业则极为有害。

"策略合理型理论"遭到质疑的原因主要有两点：①这一理论似乎是一种静态分析。好像一家公司属于一个行业就永远属于那个行业，生产经营什么产品就永远生产经营那种产品。②这一理论没有告诉我们：当企业的行业环境出现变化时，情况会怎么样？

科特和赫斯克特为了验证"策略合理型理论"的功过、正误，从原来选定的 207 家公司中又挑出 22 家企业进行更为深入的考察。这 22 家企业分布于 10 个不同的行业，每个行业基本上按经营业绩"好""差"各选一家；作为例外，"饮料行业"和"工业产品零售行业"各选了两家经营业绩好的。这样，22 家企业分成了可以进行对照的两个组，一组是 12 家经营业绩好的，另一组是 10 家经营业绩差的。两组差距明显，从总体上说，好的一组的纯收入是差的一组的 4 倍。科特和赫斯克特收集了这 22 家公司有关企业文化的所有资料；走访了 75 位经验丰富、德高望重且至少对这 22 家企业中的一家进行过追踪考察的经济分析专家，向他们请教有关这些公司企业文化方面的疑难问题，结果科特和赫斯克特发现：

第一，尽管财务分析专家们历来被认为是不重视软管理的价值，但对于"企业文化到底是帮助了公司经营业绩还是损害了这种业绩，是既帮助但同时也损害了这种业绩，还是对公司经营业绩'影响甚微或毫无影响'"这样的问题，这些专家们几乎一致同意企业文化有助于那 12 家经营业绩优秀的公司的业绩增长。在多数案例中，专家们也认为企业文化有碍于那些经营业绩不佳的公司的业绩增长。

第二，这 22 家公司的企业文化，如果从"一致性和牢固性"的角度去考察，其强弱程度是基本相同的。导致企业经营业绩出现差异的原因恰如"策略合理型理论"所主张的那样，是企业文化内涵不同而引起的适应性的不同。

第三，企业文化对市场环境的良好适应性，会因市场环境的不断变化而湮灭，最终会损伤企业的长期经营业绩。这项研究所涉及的每一个经营业绩不佳的公司早期都曾有过非常好的企业文化对市场环境的适应性，然而，这一适应性的日益减弱通常都是由这些公司未能适应新的市场环境而造成的。

科特和赫斯克特对"策略合理型理论"的评价是：第一，在阐述企业文化和企业经营业绩之间的联系方面，"策略合理型理论"可以像"强力型理论"一样，或者比"强力型理论"更充分；第二，它能解释企业的短期经营业绩，但不能解释企业长期经营业绩中存在的差异；第三，最感不足的是，它不能解释为什么不同的企业为了保持与市场环境相适应而对企业文化所进行的改革获得了完全不同的成功。

（3）"灵活适应型理论"及其验证。"灵活适应型理论"的基本观点是："只有那些能够使企业适应市场经营环境变化并在这一适应过程中领先于其他企业的企业文化才会在较长时期与企业经营业绩相互联系。"

"灵活适应型理论"的逻辑前提是把企业文化区分为"对市场环境适应程度高的企业文化"（可以简称为"改革型或革新型文化"）和"对市场环境适应程度低的企业文化"（可以简称为"保守型文化"）。它和"策略合理型理论"的不同之处在于：一是强调所要适应的对象是"市场"环境而不是"行业"环境；二是强调企业以及企业文化本身要不断革新，而不是死守抽象的所谓"策略合理"的文化规范。

"灵活适应型理论"进行逻辑论证的基本点如下：①那些对市场环境适应程度低的企业文化具有以下共同特征。带着某些官僚作风，公司员工对改革持否定态度，缺乏风险精神，企业没有创造能力，信息不灵，显得耳塞眼滞。企业特别强调规范化管理，打击了公司员工的积极性和发展企业生产的热心。②那些对市场环境适应程度高的企业文化，所具有的共同特征则是提倡积极寻求、努力开拓企业发展的新机遇；注重和鼓励有助于企业适应市场环境变化的集体观念，员工之间互不猜疑，相互信任、相互支持；企业员工工作热情高，具有愿意为公司发展牺牲一切的精神，具有揭发问题、解决问题的勇气，具有排除一切困难、迎接各种机遇的能力；企业领导讲究领导艺术，以倡导改革风气为自己的基本职责，具有善于激发、敢于冒险、勇于创业、广泛交流的工作热情与积极性。

"灵活适应型理论"推崇的"革新型企业文化"的实际典范，主要有美国数字设备公司的企业文化，以及美国3M公司的企业文化。

"灵活适应型理论"遭到质疑的原因主要有三点：①这一理论无法解释一家企业文化缺乏冒险精神或集体主义精神的公司为什么会在相当长的一段时期保持企业经营业绩的增长——因为企业文化适应于当前市场环境，当前市场环境又保持着相对稳定。②这一理论遗留了许多重要的问题：为什么要去冒险？与什么相适应？革新行为的原因何在？这一理论并没有认识到这些问题的重要性，似乎假定只要企业文化提倡改革、反对内部纷争，那么其就具有适应能力，就会促进企业长期经营业绩的增长。③这一理论没有说明，企业文化引导员工进行变革的特定方式究竟是什么，它可能会因为鼓励员工改革一切而导致错误的改动；这样，越改就会成为市场适应程度越差的企业文化；同理，一种注重领导艺术才能的企业文化会产生企业经营方向上的失误。

科特和赫斯克特为了验证"灵活适应型理论"的功过和正误，在验证"策略合理型理论"的同时仍然就上面提及的 22 家企业请教那 75 位经验丰富的分析专家，深入探讨了和"灵活适应型理论"有关的各种问题，结果发现：

第一，关于绩优公司的企业文化，专家们指出其共同的特征是"领导艺术、集体主义精神、对待风险的慎重态度、民主讨论的坦率风格、改革风气和经营中的灵活性，等等"。正是这些特征有助于公司在变化无常的市场环境中保持优异的经营业绩。而绩差公司的企业文化，专家们指出其共同的特征则是"官僚习气""看重短期效果"等，也正是这些特征在变化无常的市场环境中有损于公司的经营业绩。

第二，绩优公司的企业文化重视经理人员的卓越领导才能，而经理们则很重视顾客、股东、员工三者的实际利益。在绩差公司中，经理们对这些企业构成要素的重视程度都要低得多，或者不重视。试问：绩差公司的经理们既不重视顾客，又不重视股东，也不重视员工，那么他们到底看重什么呢？专家中的大多数人通常回答"关心他们自己的利益"。"在企业经营业绩不佳的公司中，经理们关心的重点似乎在于自己的个人前途、加班津贴或某一特殊技术和产品"。

第三，在企业经营业绩优异的公司中，企业文化促进企业改革的例证比在企业经营业绩不佳的公司中要多得多，这似乎已经形成了一个一般性规律。企业经营业绩优异的公司与业绩不佳的公司相比较，他们都更为积极主动地去眼观、耳听、体察以及去行动。在企业经营业绩优异的公司案例中，也很容易找到市场适应性强、促进改革的企业文化例证，特别是那些处于经营环境动荡不定地区的公司更是如此。

第四，能不能说上述卓越的企业文化是"原因"，而能够适应市场环境并有优异的经营业绩就是"结果"呢？要找出其中因果关系的例证十分困难。惠普公司可能是这方面最典型的公司例证。"一般的模式似乎应该是这样的：公司经理们在思想上关注企业构成要素，在行动上他们必然密切注意这些要素的发展动态。公司经营环境出现变动——如市场竞争加剧，经理们会很快觉察到这一变化趋势。公司经理们如果重视各级管理人员的领导才能，他们必然会发挥这些才能的作用，为公司降低成本、改进产品结构或从事其他一些与外界环境相适应的经营活动。当公司在适应新的市场环境需求、迫切需要调整经营战略和战术时，即便原来的经营方式已经在这一企业文化中根深蒂固，公司改革的动因会持续促进企业文化的变革"。

科特和赫斯克特在验证"灵活适应型理论"的过程中，实质上对它做出了评价：①它和前面两种理论一样，阐述了企业文化和企业经营业绩之间的某种联系；②它提出了一个很重要的问题，即怎样创立并保持与市场环境相对适应的企业文化；③它没有令人信服地回答对它的各种质疑。

（4）几点结论。科特和赫斯克特经过深入的调查研究得出如下结论：

第一，关于企业文化与经营业绩相互联系的三种理论（"强力型理论""策略合理型理论""灵活适应型理论"）虽然都不能令人十分满意，但是它们都为解释"企业经营业绩差异问题"提供了重要线索。"这三种理论观点本身并不存在任何根本冲突"，应该把它们结合起来，因为"结合生成的模式要比其中任何一种理论模式都更强大、更具说服力"。

第二，具有强力型企业文化（强文化）的公司，全体员工牢固地具有共同的价值观念，经理人员习惯于协调一致，通力合作按某一经营方向努力。这种协调性、积极性、组织性及统一领导会有助于企业经营业绩的增长。但这是有条件的，即员工们牢固一致的价值观念应该和市场环境的需求相一致。如果不一致，企业经营业绩就不会出现增长。在已经不一致的情况下，如果又缺乏适应市场环境的下一步措施，"这种强力型企业文化甚至可能导致明智的管理者做出具有破坏力的行为；这就会不断地削弱公司自身生存、发展的能力"。

第三，具有策略合理型企业文化的公司，其价值观念"合理"的标准是符合公司所在的行业特点。在所有这种类型的公司案例中，都存在着妨碍企业改革的文化成分。

第四，具有灵活适应型企业文化的公司，其价值观念所要适应的对象是变化迅速的市场环境，因而是倡导改革的企业文化。在这种企业文化中，"经理人员十分注重企业经营环境的相关变化，并据此有步骤地进行改革，使企业经营、企业文化与外界变化的客观环境保持协调稳定"。改革的原因在于，要维护公司所有关键要素的权益，即要维护顾客的利益、重视股东的权益、关注员工的福利待遇，发挥管理人员的卓越领导才能。这些构成要素的协调，特别是顾客要素、股东要素、企业员工要素的协调是企业发展至关重要的因素。这样的企业文化，这样的价值体系，能够激励经理人员，让他们积极地从事那些使企业与不断变化的市场竞争环境相适应的工作，这一价值体系就成为现今世界中产生优异的企业经营业绩的关键因素。

第五，促进企业经营业绩增长的企业文化，在开始的时候，至少有两点十分关键：①企业家的经营指导思想必须同适应市场经营环境的价值观念相一致；②还要有一个能够适应企业所处市场经营环境并能够带来经营成功的企业经营策略，从而使得这位企业家（他或她的经营思想）在特定的消费者群体中具有极高的信誉度。

第六，有一些大型公司，结构很完善，却缺乏促进经营业绩增长的企业文化。它们怎样才能创建出这种企业文化来呢？这实质上是一个企业文化重塑的问题，大量丰富的信息资料表明，这需要企业家个人素质和行为方式的特定结合才能实现。就企业家个人素质来说，就是要有一两个能力非凡的领袖人物，他们有远见、有能力、有声誉、有权力。就企业家的行为方式来说，首先，要在公司内部唤起一种危机感，提出与市场经营环境相适应的经营策略，树立明确的经营发展新方向；其次，要广泛宣传自己的思想观念和经营策略，要抓住每一个可能的机会反复宣讲，要简单明了、通俗易懂地宣讲，更要允许人们对自己的思想观念提出质疑——用健康随意的交流摒弃原来单一、固定的一人独白的传统，以争取尽可能多的员工的理解和参与；再次，要以身作则；最后，要让那些思想观念与新方向一致的经理人员有极大的权力，发挥他们的领导才能。最终，企业发生了巨大变化，新型企业经营策略开始扎根于企业之中。伴随这些企业文化改革情况就会推动企业经营业绩增长。

5. 关键要点

（1）企业文化与企业经营管理之间的关系。

（2）三种理论，即"强力型理论""策略合理型理论""灵活适应型理论"。

（3）企业文化对企业经营管理的正反作用力。

（4）企业文化要素与企业绩效维度的确定。

6. 建议课堂计划

本案例可以作为专门的案例讨论课来进行，也可以随着课堂内容的进行穿插讲解。以下是按照时间进度提供的课堂计划建议，仅供参考。

（1）整个案例课的课堂时间控制在 70~80 分钟。

（2）课前计划：提出启发思考题，以便学生在课前完成阅读和初步思考，并查找相关的资料进行分析和 PPT 的制作。

（3）课中计划：首先，简要的课堂前言，明确主题（2~5 分钟）。

其次，分组讨论（30 分钟），告知发言要求，由小组发言（每组 5 分钟，控制在 30 分钟）。

最后，引导全班进一步讨论，并进行归纳总结（8~15 分钟）。

（4）课后计划：如有必要，请学员采用报告形式给出更加具体的解决方案，包括具体的职责分工，为后续章节内容做好铺垫。

案例二
北京城建集团用先进文化驱动先进生产力

一、创立企业文化的背景

北京城建集团是 1983 年由中国人民解放军基建工程兵集体转业组建的大型综合性建筑企业集团。有子公司 48 家，自有职工 28000 余人。

企业组建以来，先后完成了百余项国家及省市重点工程。特别是奥运工程建设启动后，集团先后承担了国家体育场、国家体育馆、五棵松体育文化中心、奥运村等奥运工程建设任务，承担了中央电视台（CCTV），北京电视艺术中心，首都机场 3 号航站楼，国家大剧院，地铁 4 号线、5 号线、10 号线等奥运配套工程建设任务。凭借一流的业绩，集团跻身中国企业 500 强、国际 225 家大承包商和北京最具影响力企业之列。

北京城建集团在企业建设和发展中十分重视企业文化建设。经过多年的培养，企业实现了"军旅文化"和"大学生文化"的有机融合，铸魂、立道、塑形，用文化力驱动生产力，企业两个文明建设硕果累累。集团先后荣获全国思想政治工作先进单位、全国建设系统企业文化建设先进单位、北京市企业文化建设先进单位等多项荣誉。集团 CIS 战略被评为全国企业文化建设"创新实践奖"，在创建"文明四区"活动中经市民投票，被评为首都精神文明建设"最佳创意奖"和"最佳实践奖"。

二、建设先进文化力

1. 持魂：推行人本管理，以文化力培养向心力、凝聚力和战斗力的价值观的培育是企业文化的核心要义

在实际工作中，北京城建集团大力倡导"同心图治、唯实创新、追求卓越"的企业精神，培育职工热爱企业的意识，培养团结和谐、奋发向上的品质，唤起员工对企业的归属感、自豪感和使命感，达到目标共识、情感共鸣、任务共担、难关共渡、利益共享的命运共同体。

（1）以理论教育武装人。要使职工素质好，思想基础须打牢。北京城建集团始终坚持以马列主义、毛泽东思想、邓小平理论和"三个代表"重要思想武装职工头脑。每年，集团通过党委理论学习中心组、党课教育、全员脱产轮训等多种形式，结合企业的改革发展和生产经营的实际情况，有针对性地开展理论教育、爱国主义教育、集体主义教育和革命传统教育，还不间断地在职工中开展理想信念、企业文化和职业道德教育。轮训教育每年都突出一个专题，采取多种形式配合进行，比如每年3~5天的脱产轮训教育已坚持了21年。长期潜移默化的教育，不仅有助于职工队伍整体素质的提高，也为企业文化建设奠定了思想基础和文化基础。

（2）以工作成果鼓舞人。北京城建集团十分重视宣传企业的工作成果和"闪光点"，运用这些鲜活的教材，采取不同的形式教育感化职工。例如，以纪实的手法，比较系统地总结了集团组建17年的思想道德建设历程。编写了12万字的《十七年大碰撞》一书，并由贾庆林同志作序，由北京出版社出版发行。为宣传企业建设成就，北京城建集团精心筹备、认真组织了反映集团组建以来主要成就的《跨越世纪——北京城建集团组建18周年建设成就展》，并用3个月的时间组织集团3万余人分期分批参观了展览，使职工受到了一次"忆创业史、明改革路、寻发展源"的思想教育。在抗击SARS的特殊战斗中，北京城建集团坚决执行北京市委、市政府的一系列指示，坚守岗位，坚持生产，用7天1夜的时间，完成了北京防治SARS的小汤山医院的紧急抢建任务。与SARS病毒零距离接触，完成了北京胸科医院的紧急改建任务。北京城建集团及时组织宣传力量，对抗击SARS 期间涌现的典型事迹进行总结和宣传，在极短的时间组织了抗击 SARS 摄影展览，编撰出版《天降大任——北京城建集团抗击 SARS 实录》一书，编写事迹材料，参加北京市抗击 SARS 事迹报告会。这一连串的事迹宣传在职工队伍中引起极大的震撼。为促进和提升企业文化建设水平，2004 年，集团又组织专门力量，对企业文化建设进行总结分析，完成了我国首部建筑业企业文化专著《建筑业企业文化》的写作，并公开出版。这一切，都对企业精神的塑造和培育发挥了重要的作用。

（3）以榜样力量感染人。在企业文化建设中，北京城建集团把培育和塑造英模及其群体作为一个重要内容，充分发挥先进典型的示范作用。集团先后宣传推广了舍己救人的都三喜、王洪娥，优秀共产党员于忠新，勇斗歹徒的田景贵，企业优秀管理者代表刘建江等一大批先进个人典型；宣传推广了青岛 "6·15" 舍己救人的英雄集体以及伊朗德黑兰地铁项目部 "龙舞中东、为国争光" 和三公司抢险大队 "为民抢险、无私无畏" 的模范群体。2005 年 7 月，为搞好保持共产党员先进性教育，在组织劳模事迹报告会的基础上，集团党委宣传部编辑出版了《城建先锋》一书，作为集团保持共产党员先进性教育活动的必读书目。这些典型的树立和推广，对于在市场经济条件下大力弘扬爱国主义、集体主义精神，坚持全心全意为人民服务的宗旨，激励职工爱岗敬业、无私奉献，培育职工良好的思想道德风尚，都产生了非常好的效果。

（4）以道德规范提高人。北京城建集团十分重视对全体职工进行道德规范教育，把它作为提高职工素质的重要内容。集团公司及所属各行业的企业都结合自己的行业特点，编写了各行业的职业道德规范。如有的单位编写了岗位道德规范、有的单位编写了岗位信条、有的单位编写了服务规范。这些规范和信条都是在广泛发动群众、自下而上广泛征集后形成的，形成的过程也是职工自我教育、自我提高的过程，具有较强的针对性和深厚的群众基础。推广后，成为规范职工职业道德行为的准则，也是企业内部实行严格管理的标准。

2. 立道：创出具有城建特色的文化管理模式，用文化力驱动生产力

建筑业企业塑造团结和培育企业精神，必须重视与企业的生产经营相融合，使企业精神在企业生产经营管理的过程中得到历练和锻造。北京城建集团十分重视管理文化的塑造和培育，注重企业文化建设的实效性，牢牢坚持经济效益与社会效益并重，把企业文化理念融入企业的生产经营活动之中；突出示范性，抓样板、树榜样，把思想道德建设贯穿于作风建设的全过程；注重感化性，始终坚持服务与教育相结合，把企业文化建设辐射到全体职工工作和生活之中，延伸到八小时之外。北京城建集团"眼睛盯在市场上、功夫下在质量上、效益出在管理上"、提出"财务管理精确化、质量管理精品化、生产管理科学化、基础管理精细化"，通过管理把全体员工的个体价值观汇聚并提升为企业宗旨、企业作风、企业哲学、企业质量方针等核心理念，通过企业精神的焕发，用文化力驱动生产力。

（1）注重经营思想创新，营造战略文化。按照"做强做大集团本部，放开搞活二级公司，协调发展，繁荣稳定"的总体战略思想，城建集团不断深化企业改革，使产业结构得到调整，优势资源得到整合。目的是加强项目前期工作的经济技术规划能力，加强项目施工管理和技术管理能力，增强招投标力量，提高市场开发能力，培育集团的核心竞争力。为保持和增强集团设计勘测领域的竞争优势，集团对设计研究优势资源进行整合，由单一经营向设计咨询延伸，发展环保、文化体育、能源、水利等领域的设计咨询业务，巩固和扩大国际国内设计咨询市场份额。对于一级施工资质的大型土建和专业公司，进一步明确其市场定位，重做强、慎做大，使之成为大而强、大而专的施工总包公司和专业施工公司。经过多年的精心培育以房地产开发和物业管理为核心的第二层次产业已具有相当规模，成为集团的重要产业。

从经营地域入手，实施市场扩张战略。城建集团各级领导始终把开拓市场作为企业发展的重要着力点。在跨地区经营方面，充分利用已经进入某些地区的有利条件，以重点城市为中心，逐步向周边地区辐射。进一步开拓了广州、深圳、福州、厦门等沿海市场；继续占领辽宁、河北、内蒙古、山东、陕西、河南、宁夏、青海等省份的建筑市场。在国际工程承包方面，采取"走出去"的发展战略，除巩固伊朗地铁工程项目外，集团还出色地完成了突尼斯、博茨瓦纳、伊朗、加蓬、新加坡、蒙古等30多个国家和地区的工程建设项目。

从施工领域入手，实施产品扩张战略。根据国家投资方向的变化及时调整产品结构，在巩固房建施工优势的基础上，进一步扩大城市基础设施建设和高速公路施工的市场占有率。在完成北京二环、三环、四环、五环，公路二环部分高等级城市快速路建设的同时，出色完成了济青、济德、铁四、京石、宝山、锦沈、盘海、洛三、京福、驻信、新郑、合徐等700多公里的高速路施工任务。地铁、轨道交通设计、勘测涉及北京、上海、南京、广州、深圳等国内17个城市。地铁盾构施工技术作为集团新的经济增长点正在北京地铁4号、5号线上广泛运用。

（2）注重人才培养，营造竞争文化。北京城建集团始终坚持"管理人员能上能下，操作人员能进能出，职工收入能高能低"和"经营管理人员激励约束机制、员工竞争上岗机制和年度综合考核测评机制"并举，把管理机制的创新统一到提高企业核心竞争力的根本要求上来，以工作态度、能力和业绩为依据，以公开竞岗为手段，选拔任用各级管理人员，吸引了一大批中、高级人才，全员的创新活力逐年增强。集团坚持面向市场，建立和形成了培养人才、吸引人才、重用人才的有效机制，使人力资源优势不断得到优化。集团公司坚持按照干部的德才标准和"四化"要求，从1992年开始实施"四二一五"战略规划和青年干部培养工程，共举办12期青年干部培训班，培训青年干部496人。在企业各级领导班子中，具有大专以上文化程度的人员占比由1983年的17.9%上升到2002年的93%。集团先后引进高校毕业生6000余人，其中博士21人，硕士235人，大学本科生4250人，大中专毕业生1500余人，极大地改善了企业职工队伍的知识结构、专业结构和年龄结构。集团公司两次荣获国家教育部颁发的"珍惜人才奖"。

（3）加强质量管理，铸就质量文化。北京城建集团把增强质量意识作为永恒的主题，号召员工以优质的产品赢得市场、占领市场、拓展市场。企业十分重视深化质量意识的教育，通过分层次、多形式的创优活动，促进员工自觉地把先进的质量意识和质量标准贯彻到生产经营活动的全过程，使不接受缺陷、不制造缺陷、不隐瞒缺陷、不传递缺陷成为员工的自觉行动，企业管理日臻完善。集团注重基础管理，苦练内功，企业管理水平不断提高，集团先后荣获"全国先进施工企业""全国实施用户满意工程先进单位"等荣誉称号。截至 2004 年底,已有 47 家企业通过了 ISO9001/ISO9002 国际质量管理标准认证,15 家企业通过了 ISO14001 国际环境保护标准认证,10 家企业通过了 OHSMSl8000 职业安全卫生管理标准认证。集团先后获得鲁班奖、国优工程奖 34 项,北京市长城杯工程 306 项,市优工程 196 项,全国市政工程金杯奖 2 项,全国建筑工程装饰奖 5 项,中国建筑钢结构金奖 2 项。

（4）加强科技管理,提升科技文化。北京城建集团实施"技改创新、科技强企"的发展战略,坚持技术创新,为实现产业升级提供了技术保证。企业组建以来,集团认真贯彻科技是第一生产力的思想,建立了适应市场经济发展的科技创新体制,推动了企业的科技进步。2001 年 1 月,集团技术中心被认定为国家一级技术中心,成为全国建筑业仅有的 3 个国家一级技术中心之一。同时,组建了 3 个技术分中心。集团还成立了博士后工作站,组建城建设计研究总院,形成了较完善的科技开发和推广应用网络。集团拥有国家审定的建筑、市政、勘察综合、智能建筑、工程咨询等 9 个甲级资质和创造"中国第一家城市轨道交通专业设计单位""第一家地铁设计总承包单位",拥有第一位地铁建设专业的工程院院士等多项辉煌业绩,在地铁、城市轨道交通建设的咨询论证和设计方面居国内同行业前列。科技兴企、科技强企理念的贯彻,使北京城建集团科技开发取得了比较显著的成效。特别是在高层建筑、高速公路、高级装修、超大平台滑模、深基础、浅埋暗挖、盾构等新技术、新工艺、新材料的科技开发及应用方面取得了突出成果,有的成果甚至还填补了国内空白。20 多年来,集团共取得各类科技成果 800 多项,其中,获得国家、建设部和北京市科技奖 81 项,取得国家专利 61 项,有 33 项科技成果达到国际先进水平。

（5）注重文化元素的融入,创建企业特色文化。北京城建集团公司始终坚持"两手抓、两手都要硬"的方针,把企业文化建设纳入企业发展总体规划和战略之中。着眼于提高全体职工的素质,有针对性地开展全员教育和创建活动。从有形化入手,重建设、抓创新、设载体,把企业文化建设与企业的生产经营管理有机结合,不断提高企业的文化素质和涵养,努力培养和造就有理想、有道德、有文化、有纪律的"四有"职工队伍。

北京城建集团坚持不断地探索和创新社会主义市场经济条件下的企业文化建设机制，形成了具有城建特色的企业文化。集团在全国建设系统率先制定并成功导入 CIS 战略，制定了理念、行为、视觉识别系统，在北京市乃至全国进一步提升了集团的整体形象，受到国内传媒和企业形象策划专家、学者的高度评价。企业品牌被评为"中国著名（建筑业）品牌"，集团 CIS 战略被评为"中国企业文化创新实践奖"等 9 项全国大奖，集团主要领导被授予"品牌战略家"荣誉称号。

北京城建集团的企业文化建设十分重视活动载体的设置。开展创建"文明四区"活动，促进集团整体文明程度的提高。集团创建"文明四区"的工作经验受到了国家建设部和北京市领导的高度评价，在全国建设系统和全市建设系统进行了推广。创建"文明四区"活动被评为首都精神文明建设"最佳活动奖"和"最佳创意奖"。

3. 塑形：树立独具一格的企业形象，以文化力提升形象力

在企业文化建设过程中，北京城建集团始终把增强企业凝聚力作为制高点、把工程质量和服务水平作为着力点，把品牌宣传作为关节点，有重点、分步骤地开展工作，极大地增强了企业的核心竞争力。

（1）恪守诚信原则，建立良好的经营形象。在中国传统道德义化的理念中，"信"字占有重要的地位，是中国传统道德文化中最推崇的精神理念。北京城建集团把"重信兴利，服务社会"作为企业宗旨，把"信"归纳为三层含义：一是信用，落实到工作中就是要遵守合同，按时交工。二是信任，就是以"创建精美工程，提供满意服务"为质量方针，树立精品意识和服务意识，以此赢得客户的信任。努力培育职工的精品意识、精品观念，把向人民提交满意工程、放心工程作为建设者的终极目标。三是信证，通过产品质量认证、质量体系认证、环境保护体系认证、职业健康安全保证体系认证和创建"守信"企业活动，规范企业管理的行为，提高企业社会信誉。

（2）营造和谐的文化环境，构建团结互助的集体形象。和谐的工作环境、良好的人际关系是企业文化的一个重要的构成要素。这些年来，北京城建集团把企业文化建设同企业精神文明建设、企业思想政治工作有机地结合起来，大力营造

良好的企业文化氛围和企业文化环境。北京城建集团十分重视和谐人际关系的培养，工作中，人与人相互沟通的环节简单直接，从文化观念上彻底消除可能出现的人为梗塞。注重感情沟通，通过座谈、交心等多种形式，疏导情绪、化解矛盾。在北京城建集团，关心人、理解人不是一句空话，而是实实在在的行动。为帮助困难职工，集团公司设立"送温暖基金"，逢年过节，集团各级领导深入一线、深入外埠、深入职工家庭嘘寒问暖。职工遇到困难需要帮助时，单位领导总是第一个赶到，同事之间也伸出援助之手，尽全力帮助困难职工渡过难关。为培养团结互助的精神，培养集体观念，集团每两年举办一届职工运动会，组建职工业余艺术团，并且连续 6 年赞助北京女足，树立了良好的企业形象。集团还成立了职工书画协会、摄影协会等组织，并定期举办笔会和绘画、摄影比赛，先后八次在中国美术馆、劳动人民文化宫、炎黄艺术馆等艺术殿堂举办了书画摄影展。集团还经常组织群众性歌咏活动，举行职工和外来务工人员文艺会演，为活跃基层生活，艺术团还深入到施工一线和家属区、外来务工人员生活区巡回演出。集团先后与中央电视台、北京电视台合作，举办了多场大型文艺晚会。为活跃来京务工人员的业余文化生活，2004 年，集团公司专门购置电影放映机，到各工地巡回放映电影。"流动电影进工地"这项活动受到了职工的欢迎，市委、市政府领导专门批示将其在北京市推广。上述这些活动的开展，既丰富了职工的业余生活，陶冶了情操，提高了职工的文化品位和素养，又营造了团结和谐向上的文化环境。

（3）加大新闻宣传工作力度，提升企业的社会形象。北京城建集团十分重视企业文化建设经验的积累和成果的总结推广，多次在全国相关会议上介绍经验成果，在中央和省市级新闻媒体进行宣传，刊发了一批质量较高的新闻稿件，每年在各类媒体上的刊稿量都在 4000 篇以上。如 2000 年 7 月 30 日在《人民日报》头版头条刊发的题为《北京城建集团建楼育人双丰收》的报道，对提升企业的形象产生了很好的作用。为广泛宣传这些刊稿作品，集团还编辑出版了两集共 270 万字的新闻作品选。针对集团外埠工程多和担负国际工程的特点，注意对外埠和国际工程进行报道，扩大了集团在国内外的认知度。在集团范围内，还十分重视内部经验的推广，通过典型经验的总结和推广对企业文化建设和职工价值观的培育起到良好的促进作用。

北京城建集团企业精神和核心价值观的培育和塑造的历程表明，文化本质和人的本质的统一是企业文化的本质，是企业文化"心的呼唤"。两者紧密相连，统一在企业文化之中，塑造培育的内容、方式、方法更为重要。

三、分析、借鉴与点评

所谓文化竞争力，概括地说，就是各种文化因素在推进经济社会和人的全面发展中所产生的凝聚力、导向力、鼓舞力和推动力。主要表现为以下三个方面的内容：一是文化创新能力。同其他领域的创新相比，文化创新更加具有特殊的意义。从某种意义上说，创新是文化的生命，文化产品有无竞争力，主要取决于文化创新。二是文化产业的科技含量。文化产业的兴起把科技、市场和文化结合在一起，赋予文化新的发展形态。文化产业的竞争越来越多地表现为科技实力的竞争。大力发展高科技媒体及相关产业，推进文化产业与高新信息技术的联姻，才能提升文化产业的竞争力。三是高素质的人才。无论是推动文化创新，还是应用高新技术发展文化产业，都离不开高素质的人才。

文化竞争力是一个多层次的统一体，主要包括四个方面的内涵：一是文化产品竞争力。文化离不开某种形式的载体，不论是何种形式的文化，都要通过一定的产品或服务（可统称为产品）来表现。文化产品竞争力，是指文化产品引起消费者注意、唤起消费者共鸣、促使消费者购买的能力。二是文化企业竞争力。文化产品是由文化企业（事业单位也可视为文化产品的生产者）研发生产出来的，企业要可持续地生产有竞争力的产品，就必须具有可持续的核心竞争力。文化企业竞争力，是指文化企业的原创能力、整合资源的能力和抓住消费者的营销能力等。三是文化品牌竞争力。文化产品和文化企业都有品牌。品牌作为无形资产和重要的战略资源，在文化竞争力中举足轻重。文化品牌竞争力，是指品牌通过其影响力和号召力，有效提升该品牌文化产品和文化企业竞争力的能力。四是文化形象竞争力。文化整体形象的好坏，不仅影响到文化产品竞争力、文化企业竞争力和文化品牌竞争力，而且还将影响到普通产品的竞争力。文化形象竞争力，是指文化整体的吸引力、凝聚力和感召力。这四个方面相互联系，相互促进。

提高文化竞争力依赖于文化创新能力，需要正确的文化发展战略加以培育。可持续的文化创新能力是文化竞争力的不竭源泉。在社会主义市场经济条件下，文化发展战略的本质就在于持续地提高文化竞争力。提高文化竞争力的文化发展战略，通常是指国家层面上的文化发展战略。为了鼓励、支持和引导文化创新，文化发展战略应具有以下五个特征：为文化的可持续创新提供广阔的空间和可能；为文化的可持续创新提供良好的制度环境和保障；为文化的可持续创新提供宽松的社会舆论环境和氛围；为文化的可持续创新提供必要的资源和条件；为文化的可持续创新提供足够的激励和动力。

可以说，提高文化竞争力的文化发展战略，就是以提升文化整体形象的竞争力为根本目的、以提升产品的竞争力为直接目的、以提升企业品牌竞争力为媒介和手段的战略。

思考题

（1）文化为何也可以成为一种竞争力量。

（2）城建集团是如何将"军旅文化"和"大学生文化"进行有机融合的。

（3）城建集团的管理模式有什么特点。

案例三
银泰百货打造文化竞争力

一、创立企业文化的背景

银泰百货集团（以下简称"银泰百货""银泰"）是以百货零售为主营业务的百货零售集团。银泰以实现连锁经营、专业化、集约化为目标，结合自身的优势实现管理创新、业态创新，实施品牌战略，形成具备银泰商业文化特色的大型零售企业品牌。银泰是一家外资企业，总部位于北京市建国门外大街2号北京银泰中心，银泰董事长沈国军为北京浙商协会会长，总裁周明海是管理学博士。银泰于2007年3月20日在中国香港联交所挂牌上市，11年来，在各级政府及社会各界的关心支持下，银泰百货已取得良好的经济效益和社会效益，并在此基础上初步形成了全国性的百货集团公司的架构。目前，银泰百货在浙江省已营业的百货店和购物中心达7家，包括杭州武林店、杭州西湖店、杭州庆春店、宁波一店、宁波二店、温州世贸店、金华福华店，还将在吴山商圈、城西、城东开设大型购物中心。以销售额计算，银泰在浙江省已连续6年稳居浙江百货业第一。其中银泰百货武林店单店销售额和利润均位列前茅，店内多个品牌创下同品牌国内最高销售纪录。该店在2009年11月15日当天以1.2亿元的业绩，创造了全国百货店单店单日销售新高；2006年实现销售额20多亿元，利润和税收超3亿元。宁波一店、宁波二店也依靠品牌优势始终占据着宁波地区百货业龙头的位置。2006年全集团（含参控股企业）总销售规模超过100亿元，在浙江省内销售收入超过50亿元，省内从业员工1.2万人。公司六大管理指标（坪效收入、坪效利润、坪效税收、人均收入、人均利润、人均税收）均居全国第一。银泰百货经过几年的发展，已创造出良好的业绩，集团以实现连锁经营、专业化、集约化为目标，结合银泰百货的优势实现管理创新、业态创新，实施品牌战略，形成了具备银泰商业文化特色的大型零售企业品牌。银泰实施"密布浙江"五年战略计划，未来 3~5 年是银泰商业发展的重要时期，银泰百货集团将按照"巩固浙江领导地位、复制区域领先优势、面向全国连锁扩张"的发展策略，通过自营式发展和投资式发展，打造商业旗舰，发挥规模经济，加强与供应商的战略合作，使银泰百货集团成为中国一流时尚连锁百货集团。

在取得良好经济效益的同时，银泰通过积极开展双文明建设，取得了良好的社会效益，近年来获得"浙江省知名商号""中国服务业 500 强""浙江省百强企业""杭州市百强企业""浙江省消费者信得过单位""杭州市商贸特色企业品牌单位""杭州市来杭投资先进企业""杭州市物价信得过单位""杭州市纳税大户""下城区重点骨干企业""工商企业信用评价 AAA 级企业""企业银行资信 AAA 级"等称号，树立了良好的社会形象，具有较高的知名度与美誉度。同时，银泰也一直不忘回报社会，积极参加市扶贫工程，捐助贫困地区；回馈社区，开展"大手牵小手"活动，资助社区困难学生完成义务教育学业；参加"春风行动"，全公司慈善捐助；开展"创建和谐杭州，我们在行动"感恩系列活动，慰问、回馈社会各界。

二、三大文化体系助力企业成长

一个企业的文化建设是否合理，直接影响着企业经营。有人说，企业文化对内是一种向心力，对外是一面旗帜。企业文化的核心是企业成员的思想观念，它决定着企业成员的思维方式和行为方式以及公众对企业的评价。银泰百货在经营管理企业的过程中，十分注重企业文化的培植和发展，努力探索具有银泰特征的文化模式。经过 3 年多的实践，银泰百货按照有计划、有执行、有评估、有调整、有变革、有升华的企业文化构建思路，确立了具有银泰特色、符合银泰发展的思想文化、管理文化、经营文化三大文化体系。

1. 思想文化——银泰发展与进步的领航灯

（1）企业宗旨担当企业发展的灵魂。为社区服务、为社区谋发展已经获得大多数现代企业的普遍认同。企业在经营过程中如果能利用自身对社区发展的人文关怀来获取社区的关注和认同，将会极大地促进企业发展；同时它也是企业价值取向最直接、最生动的体现。促进社区的发展理应成为企业发展重要的目标之一。

银泰百货在创业的过程中，战略性地把企业的宗旨定为"追求进步，提高生活，繁荣社区"。明确把"繁荣社区"写入企业发展的纲领性文件中，这在国内所有商业企业中还是很少见的。首先，这证明了银泰在企业总体战略目标上，把促进社区进步与发展的思想放在非常显要的位置；其次，银泰3年来的快速发展也充分证明了这个决策的正确性。

事实上，像银泰百货这样的大企业，它与社区的关系是否融洽，直接关系到经营的开展。另外，作为提供大众服务的流通行业，它通过对社区的人文关怀来体现企业的文化，对内可以激励员工，对外可以得到社会大众的认同和支持。银泰百货几年来为社区的发展与进步付出了很多努力，比如在税收上，其为国家和社区做出了巨大的贡献，3年多来已累计上缴1.1亿元的税收，在下城区名列前茅；解决了3000多人就业；为社区的困难户送温暖；与社区共同举办各种活动；等等。

（2）日常思想文化建设增强企业的文化氛围。银泰百货的决策层战略性地认识到，企业文化的塑造是一个长期持续的过程，日常文化建设将成为企业文化建设中不可缺少的一个重要组成部分。对此，银泰百货在决策层的推动下，主要做了以下工作。

第一，提出工作主题词，使之成为企业年度经营管理的战略性和纲领性语句。银泰百货每年都会提出全年的主题词，以之作为全年公司经营的总体要求。2000年，银泰提出了"实抓效益，狠抓管理，打响银泰这块牌子"的主题词，并利用一个月的时间对部门经理、管理人员和营业员进行讲解，然后进行大规模的考试，不断实践，同时也不断进行小结和深化。2001年，银泰提出"细化工作，提高服务与管理水平；创新营销，提升销售业绩；发展连锁，创浙江名店"的主题词，很快就出现在公司的墙壁上、部门经理的动员会上，各员工都很自觉地按照这一主题去工作。2002年，银泰再次提出"调整销售结构，凸显百货商场优势；提升服务水平，创银泰旗舰店风范；发展连锁经营，创浙江第一店"的主题词，它也成为银泰日常思想文化建设和指导企业总体发展的战略性和纲领性语句。

第二，把企业经营管理的思想提升为员工共同遵循和认同的企业文化。把经营管理过程中提出的经营管理思想进行筛选提炼转化为企业文化，使全体员工形成一套优良作风、行为方式及价值观念。这是银泰近年来一直努力探索和实践的一条企业文化建设途径。其优点是能够使企业成员的思维方式和行为方式围绕企业的主要经营管理工作，这十分有利于企业的工作开展。

在银泰百货，关于企业文化有一套比较固定的做法，即每一项重大的经营管理思想一经提出，将会迅速按照员工级别的大小顺序进行传达和考核，并利用管理跟进的手段不断进行巩固和强化。这种把企业文化和员工思维相结合的思想对指导银泰各级部门的工作起到非常重要的推动作用，也成为银泰内部工作的主要标准之一。

第三，每一个工作岗位都成为传播企业文化的阵地，每一位员工都成为传播企业文化的义务讲解员。企业发展的关键在人，而决定人的一切行为的是思维模式和观念。因此，企业文化建设的关键是企业经营观念和思维模式的转变。观念不变，再好的组织也难以发挥作用。对此银泰认识到，这种观念的转变必须依赖于全体员工观念的转变，只有这样才能最大限度地发挥企业文化的作用。因此，银泰提出并努力推动全面传播企业文化的思想，使企业的每一个岗位都成为传播企业文化的阵地，使每一位员工都成为传播企业文化的义务讲解员。

2. 管理文化——塑造银泰管理模式的灵魂

在外界看来，银泰百货的管理严格有序、高效节能。而在内部的员工看来，银泰管理上的所有进步，都是银泰努力塑造自身管理模式的结果，而管理文化在其中起到了灵魂的作用，它在企业内部的产生、传播和发展也是银泰管理模式建立和发展的缩影。

"第一次就把事情做好"的管理理念成为银泰员工行为处事的主要标准。它深刻的内涵和发展的空间为银泰管理理念创新提供了广阔的天地。在这个理论依据的基础上，银泰在管理实践过程中不断挖掘自身的潜力，提出了许多建设性和战略性的管理思想，而这些管理思想又指导着银泰日常工作顺利高效进行。经过发展后的管理理念主要包括以下几类：

（1）管理无空白论。"事事有人管、人人都管事"，部门、岗位、职务责权利明确，一切以制度和程序办事是无空白论的要点。"商场无大事"，在商场的管理过程中，任何一件小事处理不当或者任何一个环节协调不当都会影响整个商场的运作，这些问题一旦发生且得不到有效的解决，很可能就会成为商场持续发展的致命障碍。在经营过程中，银泰百货利用无空白化管理的思路，对商品质量、服务质量、环境质量、管理质量、人员质量进行全程监控，让管理深入到公司每一个角落，保证管理效率。同时，无空白管理在实行的过程中又衍生出许多具体的管理措施，如《银泰百货顾客投诉快速反应程序（CCQR）》和《重大事故处理程序》（简称"四个四程序"）等。

（2）管理跟进论。长期以来，银泰百货在管理工作中形成了管理跟进的习惯，在管理工作中实行计划—实施—监督检查—事后总结的管理跟进流程，并实行总经理—部门经理—其他管理人员层层负责、节节跟进、层层落实的监督执行办法，使整个公司的管理质量大大提高。银泰百货在短短的数年中创造了令人刮目相看的业绩，是管理跟进充分发挥作用、管理出效益的具体体现。

（3）管理"发包"论。社会化管理最为突出的特点和优势是可以利用专业公司的专业素质弥补其他非专业化公司的不足，较好地完成各种专业化的服务。社会化管理还可以极大地减少企业的管理环节，极大地缓解企业的管理压力，降低企业的管理成本，并能从根本上解决"企业办社会"的局面。随着改革的进一步深化，社会分工进一步细化，一大批专业化公司出现并得到了快速发展，专业化服务行业也逐步得到规范。专业化公司能够为各种企业提供所需的服务，因而越来越多的企业选择了它们。银泰百货长期以来推行社会化管理方式，分别把员工食堂、清洁卫生和储运工作承包给其他专业公司，对公司的发展起到了较大的推动作用。

（4）科技创新论。这方面最为显著的是对电脑硬件和软件进行了大规模的改进，对商品的监控和分析进一步加强。如在对原有的硬件进行更新的基础上，对软件系统进行了开发：对现有的电脑系统进行了功能梳理，提高了系统运行的效率和精确度，同时又开发了多项分析报表，如新增加了对品牌零售和品牌日开张状况的跟踪，对联名卡信息和销售、客单价、大件商品销售等十几项经营情况的分析，对公司决策起到了良好的参考作用。特别值得一提的是，在电脑硬、软件改进的基础上，公司把电脑化办公的水平提高到一个新的高度。如行政部在电脑部的支持下实现了对大家电的电脑跟踪、公司费用管理——二级领用及结算跟踪，这对提高顾客满意度和降低成本起到了积极的意义。在电脑系统进行全面革新的同时，通过人才的培养和引进，公司电脑管理部门也从系统维护部门转变为电脑软件开发部门。

（5）节约理念论。在保证管理质量的前提下，大力降低不必要的成本支出，并采取各种手段对办公费用进行跟踪和控制。经过大力推广和实施，各级员工的节约意识得到较大提高，公司管理费用得到了良好控制，各项费用呈现不同程度的下降。行政部对公司用电进行了整治，总共清除了 20000 瓦不必要的用电器具，为公司节约用电起到了关键的作用；同时，各部门也加强了员工节约意识，目前基本能够做到"人走关灯"，员工都能有意识地节约成本。

（6）团结协作论。不断加强公司与厂商之间、管理部门与营业部门之间及各部门内部的沟通、配合和支持是银泰百货一贯的做法，在具体的经营管理实践中，这一理论贯穿于行为的始终，尤其体现在公司重大活动和节假日的经营过程中，如 1999 年 12 月 31 日、2000 年 12 月 31 日、2001 年 12 月 31 日公司都举行了力度比较大的促销活动，分别实现销售额 600 万元、1018 万元、1450万元，特别是 2001 年 12 月 31 日创下了银泰开业以来的最高日销售纪录。由于各方面团结协作意识不断加强，员工普遍感觉到工作速度逐年加快，工作压力逐年降低。

3. 经营文化——提升企业经营业绩的必要保障

（1）加强外部经营文化形象，确立有鲜明企业特点的文化特征。

第一，创业初期：先入为主，导入文化。银泰百货在开业前一年就未雨绸缪，开始了大规模的宣传工作，在杭城商界创造了多项纪录。1998 年 4~6 月，进行了 5 万银泰百货贵宾大募集，首开杭城商场准贵宾卡大发行的纪录。

1998 年 5 月 26 日，《杭州日报》用了 1/2 的版面详细发布了银泰百货在社会上公开招聘 3000 名员工的消息，招聘员工数目之多刷新了杭城商场员工招聘数目的纪录。这次招聘经过其他媒体的宣传，吸引了数万人前来应聘，在社会上引起了强烈的反响，银泰的名号也在一夜之间于杭城广泛传播。

1998 年 9~10 月，银泰百货开始了对姐妹城市的拜访活动，这不仅是银泰百货首次走出杭州，同时也是杭城商场为开拓周边城市市场所做的第一次尝试。这种在开业前一年便大张旗鼓地不断进行宣传、搞活动的促销形式，几乎使银泰百货到了家喻户晓的程度，为银泰百货开业后的发展起到了很好的宣传作用，这在商界已被普遍认为是成功的典范。

第二，企业发展期：强势出击、发展文化。举办富有新意、群众参与性强的各种文化营销活动是这一时期银泰百货文化建设的重要特点，其出发点是配合公司"年轻、时尚"的市场定位，在活动中对企业经营目标进行诉求，以获得广大顾客的认同。

为此，公司先后举办了"银泰美眉形象大赛""银泰世纪杯百日新闻摄影大奖赛""迎接千年情侣'点点蜜糖'大赛""动感布告""一次性木筷——天堂拒绝你"等一系列有意义、群众参与性强的活动。这些活动的成功推出，使银泰在杭城青年男女中获得了空前的支持，很多活动至今依然成为他们津津乐道的话题，同时客观上也为银泰传播了企业文化。

第三，企业成熟、连锁期：推陈出新，巩固文化。除大力推进连锁理论的探索和完善外，这一时期依据商业活动发展和企业自身文化逐步成熟的特点以及大众对更深层次文化的要求，银泰不失时机地把文化建设的重点转移到推陈出新，巩固文化上。在这一时期所有的活动中，值得一提的是举办"零售商业论坛"和"咖啡教室"两个大型活动。

2001 年 1 月中旬举办的"零售商业论坛"中，浙江省近 300 名零售商、房地产商、商业研究人员以及 50 余位新闻记者参加了论坛会。这次论坛是在中国加入 WTO，中国零售商面对国外零售业的进入，竞争日趋激烈的形势下举行的，也是当时浙江省规模较大、嘉宾权威性较高、参与面较广的一次高层次商贸论坛会。

"咖啡教室"是银泰针对都市白领的生活和消费特点而举行的活动。主要采取沙龙的形式，邀请专家就时尚消费品和流行趋势与与会者进行面对面的交流。在活动中，主讲嘉宾和听众坐在幽雅的咖啡馆里，品味着最时尚的咖啡进行心与心的交流，气氛融洽而自然，既使听众得到了知识的满足，又使听众得到了心灵的享受。该活动推出至今已经成功举办了 10 余期，获得了越来越多都市时尚青年的认同和喜爱。

（2）强化员工服务意识，优化企业内部文化特征。银泰百货提倡与顾客建立和谐的朋友关系，这在公司"视顾客为朋友，真诚待客；谦虚经营，与顾客保持和谐的关系"的服务理念中有充分体现。在具体的操作过程中，银泰百货不断对服务工作进行细化，针对提高服务质量提出许多建设性的意见，并利用管理跟进的手段将其落实到每一位员工身上，培养员工优质服务的意识，完善公司服务文化体系。

2001 年是着重强调各项管理细致深入开展，特别是抓服务质量、培养员工服务意识的关键的一年。在这一年中，银泰百货主要以开展"服务质量月"和"商品质量月"活动的形式提高公司的服务水平。在 2001 年 3 月组织开展的以贯彻实施《银泰百货顾客投诉快速反应程序（CCQR）》为主要内容的"商品质量月"活动主要以培训和考核的方式进行，公司共有 1997 名员工参加培训、2057人（次）参加部门及公司组织的笔试、130 名员工参加口试，此外，还有 103 名员工接受了公司特聘"啄木鸟"的实践测试，通过此次各项测试并且成绩合格的员工有 2164 人（次），合格率为 94.49%。由于"CCQR"程序更加明确地规定了各级员工在处理投诉时的权限和职责，快速、高效的投诉接待程序得以建立，顾客投诉能够得到快速圆满的解决，员工的服务意识也得到了增强。2001 年，公司在销售大幅度增长的同时，投诉率反而较上年有所降低。投诉处理完结率达到99.51%，其中营业部自行处理的投诉占全公司投诉总量的 73.26%，这意味着顾客大部分的投诉在营业部一线员工的处理下就能够圆满地解决，大大节省了顾客的时间和精力，提高了满意度。在"服务质量月"中，公司着重抓员工对顾客、员工对员工说"您好""请"等礼貌服务用语的意识，切实培养员工为顾客、为同事提供发自内心的真诚服务。经过一个月的全公司范围的培训推广，敬语服务已普及到公司的每个员工，电话敬语和卖场敬语的使用状况都得到了改善和提高，员工的服务礼仪有了较大提升，员工与员工之间形成了融洽的合作氛围。

三、分析、借鉴与点评

基于组织文化的企业竞争力构建属于战略管理的研究领域，"基于资源的观点"的提出和发展为从企业层面研究组织文化与企业竞争力之间的关系提供了支持。学术界普遍认同将企业视为资源的集合体的观点可以追溯到1959年，彭罗斯（Penrose）的著作《公司成长理论》的出版。Penrose认为企业组织是一个被行政管理框架协调并限定边界的资源集合，企业增长的源泉在于企业的内部资源，内在性的成长是企业生存、发展的根本。巴恩（Barne）在此基础上进一步发展和阐述了这一观点，他认为文化是维持竞争优势的一个源泉。首先，文化对企业是有价值的。其次，作为维持竞争优势的一个源泉，文化是企业所特有的。最后，组织文化必须是很难被模仿的。"基于资源的观点"认为，企业发展的关键在于掌握有价值的资源，而企业的资源和能力是异质的，这种异质性决定了一个行业中不同的企业在绩效上的不同。企业可以通过提高所占有的资源的质量或者通过比竞争对手更有效地使用资源来获得竞争优势，当这种竞争优势不易模仿时，企业就获得了持久的竞争优势。这种观点的核心是企业的竞争能力已经从外部环境以及企业如何在竞争的环境中定位转向企业内部的资源，通过占有和挖掘这些能够产生竞争优势的资源来确立自己的竞争地位。因此要构建企业竞争力，首先要了解或建立、发展企业的核心资源，这些资源包括技术、人力素质、组织文化与信息网络等。企业的一切行为本质上都要受组织文化指导，企业努力的方向和行为方式是组织文化的集中体现，也是企业竞争力的累积过程。组织文化不仅影响企业的管理方法和策略，而且影响企业的思维方式以及企业战略形成的全过程。在组织文化的形成过程中，价值观起着关键作用，先进的价值观对内可激励员工，对外可树立企业的良好形象，增强企业竞争力。同时，企业价值观决定着企业的发展方向，影响企业的目标和竞争优势，是形成企业核心竞争力的关键要素。在实践方面，企业无论是用"以人为本"还是"诚信至上"等策略，其最终关注的还是自身的竞争优势。但文化对企业竞争优势到底有无贡献，有多大的贡献？具体说明两者之间的直接关系还是有一定困难的。如 1986 年之前 IBM 的成功一直被认为是因为其具有很强的文化，它的文化结合了顾客服务、员工发展和专业标准。但是在不到 10 年后，IBM 又因其惯性的文化而受到责难。而海尔的企业竞争优势却是与其组织文化不能分割的，1984 年，海尔的张瑞敏在企业亏损 147 万元的创业年代首先提出的就是组织文化先行、企业理念先行。海尔的发展证明，企业要持续增长，最根本的是要确立一种至上的文化理念。但是，在许多企业中，组织文化只是被看作附属品，甚至被认为是刷在公司墙上的一些标语或者公司的口号，它的存在只会产生多余的文案和程序，而不会创造任何价值。组织文化对于企业竞争优势的影响是一个具有很大理论及现实意义的研究课题，也是近期组织理论研究的一个热点，这项研究是不断探索的过程，因此已有的研究所存在的缺陷和不足是不可避免的。尽管 20 世纪 80 年代以来关于组织文化的研究已经有了长足的发展，但是影响文化与竞争优势之间关系的中间机制仍有很多未被揭示出来。目前对于文化的研究已经逐步转向文化如何借助一些关键因素（如企业高层领导、人力资源管理系统等）使竞争优势发生改变。

☞ 思考题

（1）银泰集团是如何加强日常思想文化建设的。

（2）银泰集团的文化竞争力体现在哪些方面。

企业文化建设概述篇

案例四
江苏电力科学发展新时期

一、创立企业文化的背景

江苏省电力公司（以下简称"江苏电力"）成立于 1988 年 12 月，主要从事江苏境内电网建设、管理，经营江苏境内电量销售业务。公司下辖 13 个市供电分公司、58 个县（市、区）供电公司，同时还管理与电力有关的设计、施工、修造、科研等单位。公司全民职工 47801 人，农电职工 45460 人。2008 年，公司实现售电量 2470 亿千瓦时，营业收入 2109 亿元（含税），资产总额达 1345 亿元。2009 年 1~10 月，公司实现售电量 2140 亿千瓦时，同比增长 2.5%；实现营业收入 1797 亿元（含税），同比增长 3.1%；资产总额达 1498 亿元，同比增长 12.9%。截至 2008 年底，公司拥有 220 千伏及以上输电线路 2.5 万多公里，其中 500 千伏线路 109 条 7897 公里、220 千伏线路 871 条 16945 公里；35 千伏及以上变电所 2327 座，其中 500 千伏变电所 27 座、220 千伏变电所 297 座。

江苏省电力公司近年来狠抓企业文化与企业声誉建设，把企业文化、企业声誉、企业诚信建设落到实处，落实到服务电力客户、服务社会发展中去，精神文明建设等各项工作成绩显著，公司荣获国家电力（电网）公司双文明单位、江苏省文明行业、全国用户满意企业、中国企业文化建设特殊贡献单位等称号。在全国十运会保电工作中，公司被江苏省委、省政府授予"十运会承办工作集体一等功"。在省城调队完成的 2006 年电力客户第三方满意度调查中，公司客户满意率达 99.1%。

二、走科学发展之路

1. 企业文化的发展阶段

江苏电力的企业文化伴随着公司发展的实践，经历了螺旋式发展过程，迈上了两个台阶，逐步形成了自己的特色。

（1）第一阶段（1992~1999 年）。这一阶段是江苏电力企业文化形成的初始阶段，面向市场经济，接受并逐步实践企业文化，初现企业文化的雏形。

20 世纪 90 年代，为适应计划经济向市场经济的转变，力求满足社会经济和人民生活用电需求，公司以"达标创一流"（达到国家电力公司一流企业标准）为抓手，加强电力建设，提高员工素质和企业管理素质，塑造公司良好的社会形象。针对电力行业存在的垄断弊端和员工缺乏市场观念、服务观念和安全观念的实际情况，组织全员开展"电力走向市场"大讨论活动，增强市场观念和竞争观念；结合全社会开展的文明创建活动，提出"安全优质供用电，人民电业为人民"的文明行业创建主题口号并对内宣导，增强员工的宗旨意识和服务意识；贯彻"安全第一、预防为主"的安全方针，强化员工安全教育，增强员工的安全意识和安全责任。在企业管理素质的提高上，特别是在服务文化和安全文化建设上，公司建立了完善的服务承诺制度和安全岗位责任制度等一系列规章制度，使公司的管理素质、安全生产形势和用电服务水平有了明显的改进和提升。

（2）第二阶段（2000~2002 年）。这一阶段是江苏电力企业文化的全面推进阶段，总结提炼与实践应用公司企业文化理念系统和形象视觉识别系统，确立战略管理思想，坚持以人为本，创建中国一流电力公司。

在世纪之交，公司提出了"同行领先、国际水平、江苏特色、人才高地"的战略思路，制定了公司下一年的发展战略和"十五"发展计划，勾画了新世纪公司发展蓝图，为公司的企业文化建设奠定了基础，使企业文化建设进入了一个新的发展时期。公司领导对企业文化建设非常重视，把企业文化建设纳入公司发展战略和领导任期目标，组建了公司企业文化建设委员会和企业形象战略推进委员会，制定了企业文化发展战略。公司在集聚员工智慧的基础上，与南京大学咨询机构合作，总结和提炼了公司企业文化理念系统，设计和确立了公司形象视觉识别系统。公司主要领导于 2001 年 8 月 26 日还专门写信给公司系统各单位领导班子和职工代表征求意见。公司 2 万多名员工直接参与了理念系统和形象视觉识别系统从设计到确立的全过程。在这一时期，公司的企业文化建设紧紧围绕创建中国一流电力公司的目标，以培育公司精神、突出以人为本的价值观、树立良好的公司形象为重点，全面推进公司的企业文化建设。编印《公司文化宣传提纲》《公司文化知识问答》《公司文化理念手册》《员工文明礼仪手册》和《员工道德读本》等作为员工学习培训教材。举办公司文化艺术节和公司文化培训班，以之为载体加强企业文化队伍建设，营造文化建设的浓厚氛围。同时，公司加强企业文化阵地和设施建设，创办《江苏电力企业文化》杂志，建立员工培训中心、文化活动中心和健康中心。作为员工共同价值观和行为准则的企业文化内涵主要包括"竞争求发展，创新当先行"的公司精神，"发展江苏电力，服务社会事业"的公司宗旨，"建成集团化、多元化、现代化、国际化，居于国内同行领先水平，跻身世界先进电力企业行列的现代电力公司"的战略目标，"管理现代化，经营集约化"的经营理念、"员工为本，效益为先"的管理理念、"始于客户需求，终于客户满意"的服务理念、"没有消除不了的隐患，没有避免不了的事故"的安全理念、"为员工创造发展空间，为公司构筑人才高地"的人才理念，"精细严谨，拼搏争先"的公司作风和"诚实守信，勤奋廉洁，团结协作，忠于职守，优质服务，文明礼貌"的职业道德 10 个方面。公司的形象识别系统同时在公司环境、营业、生产、办公、信息五大系统全面导入，树立了有鲜明个性特征的公司外部形象。

（3）第三阶段（2003 年以来）。这一阶段是江苏电力企业文化的系统提升阶段，完善企业文化体系，打造企业先行文化，以文化引导企业管理和公司发展，创建国际一流公司。

在 2002 年提前实现建成中国一流电力公司第一步战略目标的基础上，公司坚持以世界的眼光和开放的胸襟，坚定不移地推进国际一流公司创建工作，到 2005 年努力实现建成国际一流的公司目标。为了适应并服务于建设国际一流公司的战略目标，公司对企业文化进行系统整合和提高。总结完善原有企业文化体系，构建引领公司发展战略、遵循文化发展规律、体现员工根本利益的企业文化目标体系，建设具有公司特色的先行文化，系统提升企业文化的层次和品质。在这一阶段，公司举办了企业文化研修班，形成了反映公司文化实践的专题材料。公司与南京大学商学院、江苏省企业联合会企业文化研究所等专业机构合作，开展企业文化专题调研。在实践的基础上，公司构建了以公司使命、公司愿景、核心价值观、指导原则、行为准则、公司理念、公司精神和公司形象标语为主要内容的企业文化目标体系，打造企业先行文化。公司坚持与时俱进，主动谋求发展，赶超国际先进同行。组织开展"同业比较"和"国际比较"，南京供电公司与香港中华电力"同业比较"成果正在公司系统内推广应用。公司与麦肯锡公司合作对自身六大关键流程进行管理咨询诊断，与埃森哲公司合作对苏州供电公司进行业务流程诊断，取得了良好效果，得到国家电网公司的充分肯定。苏州供电公司成为国网公司首批国际一流供电公司，南京、太锡、常州供电公司和省电网调度通信中心通过了国际一流企业诊断评价。同时，公司加快构建内部管理体制和科学管理体系，形成了科学的决策管理体系、"双文明"综合承包责任考核体系、专业工作委员会参谋体系、"六位一体"监审体系和全员绩效考核体系，构筑了公司本部战略决策中心、电网调度生产指挥和市场交易中心、资本运营中心、核心企业管理中心和精神文明（企业文化）建设指导中心。在系统提升企业文化的过程中，公司还引进学习型组织管理理论推进企业文化建设。公司编印《建设学习型企业读本》，组织了全员问卷调查，举办专题培训班，组建 378 个学习型团队；制定愿景工程实施办法、学习型团队管理办法等一系列规章制度；与东南大学联合成立学习型企业课题组，构建学习型企业创建的组织模型和管理模式，形成独特的人才培养模式和机制。

2. 企业文化的基本内涵

江苏电力企业文化的本质特点是"先行文化"。近年来，公司大力倡导"创新当先行"的争创一流精神和"拼搏争先"的公司作风，把世界先进电力企业作为公司赶超的目标，积极推进体制创新、管理创新和科技创新，努力建设"争先+领先=率先"的先行文化，体现公司对江苏经济社会发展的先行作用。先行文化主要体现在"安全、发展、服务"三个方面，安全和服务表现在公司每一个人、每一项工作和每一个环节上，发展突出表现在领先同行，努力建设国际一流的知名电力公司上。公司能够位列全国电力同行前列的原因有不少，但强势的先行文化显然是其中不容忽视的重要因素之一。可以说，公司的发展过程实质上也是先行文化的实践过程。

3. 核心思想

核心思想是企业文化的内核，由使命、愿景和核心价值观构成。

（1）使命是公司赖以生存和发展的原动力，是公司存在的理由和目的。使命的内涵如下：

第一，服务客户。这意味着江苏电力视客户为上帝，其首要任务在于提供以客户满意为导向的服务，表明江苏电力是客户至上的服务型公司。

第二，福泽社会。这意味着江苏电力立足于面向社会、面向现代、面向未来，其中心任务在于通过提供充裕、可靠的电力，配合政府政策稳定供电，推动江苏社会经济全面协调发展，表明江苏电力是负责任、可信赖的社会公用事业公司。

第三，惠及员工。这意味着江苏电力把员工作为公司的强盛之本，其基本任务在于创造一个充满激情和活力的环境，使全体员工自觉为客户提供优质服务，表明江苏电力是注重员工业绩和贡献度、凸显个性的新型现代公司。

（2）愿景：成为国际一流的知名电力公司。愿景是植根于员工心灵深处的共同向往，也是公司长期努力追求的目标。首先，国际一流意味着品牌是一流的。江苏电力具有以安全稳定的电网做保障提供充裕可靠电力的能力，具有关心社会、关爱社区、重视环保，对社会负责的公司形象。其次，国际一流意味着管理是一流的。江苏电力具有前瞻性的决策能力，具有适应经济结构和社会形态转变的创新能力，具有快速反应、立即行动、不留瑕疵的执行能力。再次，国际一流意味着服务是一流的。江苏电力具有针对不同的客户、不同的需求，提供不同服务的能力。最后，国际一流意味着技术是一流的。江苏电力具有运用新科技提升电网安全稳定性、降低运行成本的能力，具有应用信息技术提升管理信息化水平的能力。所谓"知名"，就是江苏电力以其优质的服务赢得社会的广泛赞誉，成为叫得响、深受客户信赖的服务品牌。

（3）核心价值观：安全第一；客户至上；发展优先；员工为本。核心价值观是公司最为看重的，用以约束自身行为的价值标准。其具体内涵解释如下：

第一，安全第一。始终把安全生产放在第一位，当安全和效益发生冲突时，效益必须服从安全；电网安全关乎国计民生，确保电网安全是公司的第一要务；生命价值高于一切，人员安全是公司安全生产的根本；设备安全是安全生产的基础，必须时刻防患于未然，主动消除隐患。

第二，客户至上。密切同客户联系，一言一行、一举一动都要体现对客户的关爱与尊重；优质的客户服务是公司的立业之本，必须换位思考，借助于高品质的服务来提升产品的附加值；不损害客户一丝一毫的利益，对客户真诚无限。

第三，发展优先。把发展放在优先位置，保持适度超前发展，以满足社会经济发展的需要；谋划发展必须具有长远眼光，不可只重视短期利益而不顾发展前景；坚持走全面、协调的可持续发展道路，追求公司与社会及环境的和谐发展。

第四，员工为本。一切以人为中心，使员工真正成为公司的主体；信任员工，尊重员工，让每一位员工都以百倍的热情投入充满理想色彩的公用事业；不懈地对员工进行培训、教育，满足他们提高综合素质的需要；善待员工，维护和保障员工的合法权益，并重视提高他们的工作生活质量，以开掘创造公司未来的精神力量。

行动指针包括公司在经营管理上奉行的指导原则和员工行为准则，比核心理念更为具体，采纳和遵守这些行动指针，有助于强化公司员工将公司倡导的核心理念付诸日常的行动中。

指导原则既是公司长期经营实践的成功法则，更是公司追求和实现国际一流水准所必须遵循的行动指南。在管理上，公司奉行下列指导原则：员工与公司共同发展；坚持经济效益与社会声誉并重；持续改进；合作共赢；道德规范。

行为准则是公司从普遍适用的角度，对员工应有的行为做出的明确规定。每个员工必须自觉地加以对照，并坚决贯彻落实。江苏电力人的行为准则是：热诚待人；规范行事；倾力而为；换位思考；注重细节。

4. 公司理念、公司精神、形象标语

（1）公司理念。公司理念是江苏电力人在实践中探索形成的关于安全、信念的理念，也是支撑广大员工日常行为的思想支柱。江苏电力的公司理念包括以下几方面：

安全理念——没有消除不了的隐患，没有避免不了的事故；

服务理念——始于客户需求，终于客户满意；

人才理念——为员工创造发展空间，为公司构筑人才高地；

质量理念——第一次就把事情做对，每一次都把事情做好；

绩效理念——全面衡量，重在改善；

风险理念——时时防范风险，处处控制风险；

团队理念——团结协作，追求卓越；

监管理念——服从监管，支持监管，依靠监管。

（2）公司精神。公司精神是江苏电力人在争创一流的过程中所形成的精神风貌的真实写照，是凝聚全体员工意志、挑战公司成长、实现公司愿景的强大精神动力。江苏电力的公司精神包括以下几方面：

争先——敢为人先的进取精神；

领先——自强不息的开拓精神；

率先——追求一流的创新精神。

（3）形象标语。形象标语是展示公司姿态、树立公司形象的语言精要。江苏电力的形象标语如下：

汇聚智慧，传送光明；输送电能，传递关爱。

5. 企业文化的实践与特色

"强企先强人，强人先铸魂"。通过培育和导入，"三先"精神逐步成为渗透员工血液的制胜基因，进而成为全体员工的群体意志和企业心理，它像一面旗帜，引导企业和员工始终保持"先人一步，快人一拍，高人一筹，强人一招"的拼搏争先当第一的精神状态，并在实践中用这种精神创造了公司辉煌。在企业文化建设中公司始终以核心价值观为指导，形成了富有个性、具有特色的先行文化"一、二、三"的基本模式，即构建一个支撑先行文化的制度体系，突出安全与服务两个重点，打造实践先行文化的三个平台（战略、人才、物质），使公司的先行文化充分凸显先进性、系统性和有效性。

制定基本指导方针，构建一个支撑先行文化的制度体系。企业核心价值观和理念必须通过制度建设才能转化为员工争先、率先、领先的行为实践。因此，公司以改革的精神和创新的思维，制定了"五大方针"来构建先进的制度体系，以支撑企业文化的实践。一是坚持员工与公司共同发展的方针。其要素是：在促进公司成长的同时，帮助员工实现个人成长；员工的个人利益与公司长远利益休戚与共。在这个方针的指导下，公司在推行"双文明"综合承包责任制的过程中，通过制度建设，既明确了安全、生产、经营和管理的目标，又明确了员工工作生活福利的目标；既明确了各级的职责，又把履行职责和实现业绩与享受的待遇、薪酬挂钩，实现了责权利的统一。二是坚持经济效益与社会声誉并重的方针。其要素是：既注重公司效益，也重视社会声誉，公司做的每一个决策和采取的每一个行动都必须两者兼顾；重视社会声誉是实现公司健康持续发展的内在要求。在这个方针的指导下，公司执行调度制度和计划时，都始终把保证人民生活用电和社会经济发展放在首要位置。三是持续改进的方针。其要素是：对所做的事情不断做出改进是公司获取进步的基础；把世界先进电力企业作为标杆，认真比较各项指标，在比较中寻找自身差距，促进各项工作的改进。在这个方针的指导下，公司多次走出国门向国际先进企业学习，并邀请国内外知名咨询公司对企业经营管理进行诊断分析，针对存在的问题按照国际先进标准制定了一系列改进措施。四是合作共赢的方针。其要素是：树立大局观念，努力与供应商及其他合作者形成长期的战略伙伴关系，谋求互利共赢。在这个方针的指导下，公司在"厂网分开、竞价上网"的形势下，遵循市场规律，按照有序竞争、合作共赢的原则，通过制度建设与发电厂和其他公司建立良好的合作关系，有效地保证了江苏省社会经济发展对电力的需求。五是遵从道德规范的方针。其要素如下：做正确的事情，公司做的每件事都必须是正当的，以高道德标准经营公司，抵制那些制造或容忍不道德的行为。在这个方针的指导下，公司制定了《职业道德建设十五规划》《供电营业职工行为规范》。各地市供电公司都结合当地实际颁布了服务行为禁令，使公司的服务理念通过制度化为员工的实际行动。目前，公司在核心价值观、理念和"五大方针"的指导下，通过持续改进，已建立健全了安全生产制度体系、经营管理制度体系、员工教育培训制度体系、优质服务制度体系、质量管理体系等，形成了具有先进文化特色的制度文化。

6. 突出先行文化的重点

突出先行文化有两个重点：安全文化与服务文化。电力行业关系国计民生，影响千家万户，它的生产特点和公共服务特性决定了安全是基础，服务是宗旨。在企业文化建设中，江苏电力公司突出抓好安全文化与服务文化的建设。

建设先进的安全文化。第一，全面推进"人性化"管理模式，实现安全文化由"重物"向"重人"的根本性转变。把"安全第一"确立为公司核心价值观的首要内容，全面导入"没有避免不了的事故，没有消除不了的隐患"的安全理念。第二，改进创新管理方法。构筑以人为中心的责任制体系；推行以人为核心的安全生产人身风险评估法；推行并通过安全、质量、环境"三标合一"认证；全面推进安全性评价动态管理；创新危险点分析与预控法；完善安全生产标准化体系；健全管理制度为支撑的"安全法系"。第三，提高科技含量。坚持技术与管理并重的方针，依靠科技进步，提高电网的装备技术水平和自动化水平。江苏电力公司形成了以"关注人、关注管理、关注电网、关注社会"为主体的安全文化特色。江苏电力公司连续 32 年没有发生主网瓦解、稳定破坏和大面积停电事故；人身、设备事故逐年下降；公司所属省、市、县三级调度连续 5 年没有发生误调度事故。

建设先进的服务文化。第一，以"客户至上"的核心价值观为导向，把建设以客户为导向的服务型企业作为推进目标，响亮提出了"优质服务是公司的生命线"，把服务作为公司的发展之本、效益之本、生存之本。导入"始于客户需求，终于客户满意"的服务理念，并通过职业实践得到7万员工的共同认可。第二，创新"以客户为导向"的服务形式和途径：①诚信服务。1996年，率先在全国推进服务承诺制，把服务范围、质量、时效公布于众，接受监督。1997年，中国质量万里行到南京暗访，设置了电力故障，公司抢修人员迅速到达，抢修及时，他们的评价是"信守承诺"。②规范服务。窗口服务从交际语言、行为举止到服务秩序都制定了规范，保证服务质量。③代理服务。推出客户代理制，设立大客户经理。全省选拔上千名优秀员工担任大客户经理，作为客户的代言人。2002年，一个来江苏泗阳县投资的外商，通过委派的客户代表提出一个用电要求，结果没操一点心就用上了电。他说："供电公司的门我都没进过，这样的服务在世界上也少见。"④常态服务。整合服务手段和办法，建立常态管理机制。国家电网公司总经理赵希正评价，"江苏省电力公司优质服务常态运行机制的建立、运作是一个创新和发展"。⑤亲情服务。把客户当成亲人，把"客户愉悦"作为服务的最高境界，在电力供需矛盾突出的情况下，做到"限电不限服务，缺电不缺真情"。南京城北供电公司营业组长刘平，认了28个有特殊困难的老人为"干妈"，除了帮助她们解决用电困难，还用女儿般的孝心滋润她们的心田。⑥特殊服务。对弱势群体和贫困地区采取特殊政策和措施，为他们排忧解难。1996年，在实施扶贫通电中，淮安洪泽湖的小岛上只住着6户渔民，淮安供电公司投资近百万元为他们架设专用的湖底电缆。⑦品牌服务。根据客户的需求，打造"心桥行动"的服务品牌，适时开展了"优质服务年""社会看电力""红马甲"青年服务队、"优质服务沿江行"等系列活动。第三，运用高科技提高服务质量。在全国率先开通"95598"服务热线，建成了省、市、县、乡四级"信息高速公路"骨干网；用ABS卫星定位系统指挥电力抢修等。目前，公司99%的农村供电所建成了文明供电所；县级以上城市营业厅在全国率先全部通过规范化达标验收；公司所辖13个地市级公司全部获得"江苏省服务质量奖"。

打造实践先行文化的三个平台：战略、人才、物质。企业文化的核心理念只有落实到实践中，才有意义和生命力，才能发挥其功能；同时，实践的能动作用又将促进企业文化的进一步创新和发展。公司是知识密集型企业，先行文化的建设，引领了公司先行战略的构建，提升了公司人力资源的层次，打造了先进的物质文化。

构建争先的发展战略。电力在国民经济和社会发展中具有先行地位，江苏省又是经济文化大省，要实现"两个率先"并适应电力改革与发展的新形势，公司和员工必须以"三先"精神为支柱和动力来勾画企业的美好愿景。因此，公司围绕"成为国际一流知名电力公司"的愿景，按照发展优先的核心价值观，遵循"同行领先，国际水平，江苏特色，人才高地"的战略思路，确立了"四化一先"的战略目标（把江苏省电力公司建成集团化、多元化、现代化、国际化，居于国内同行领先水平，跻身世界先进电力企业行列的现代电力公司），提出了"电为核心，多元发展；内强素质，外塑形象；国际比较，分区推进"的总体发展战略。

以人为本，打造人才高地，提升全员素质。企业文化实质上是以人为中心的管理，关心人、培育人、塑造人、成就人是打造先进文化的根本要求。基于这样的认识，公司把人才战略作为企业发展的核心战略，制定实施《2002~2005 年创建国际一流电力公司构筑人才高地工作要点》，在内容上突出两个要素，即忠于事业、忠于企业的精神品质要素和高技术、高技能的业务要素，构建了"1234"人力资源管理模式。即人才资源是实现公司发展战略的第一资源；坚持以公司和员工为本，促进企业和员工的全面发展；建设"三支队伍"（一支德才兼备的高级经营管理者队伍，一支高素质专业技术专家队伍，一支高水平技能型人才队伍）；坚持以品德、知识、能力、业绩四个关键要素作为人才评价标准，以加强岗位能力建设为核心，构建人才资源开发与管理的新体系。近年来，公司在培养一大批工程类、经济类、政工类"三师"的基础上，努力建设自己的专家队伍，目前已选拔工程技术类专家 147 名、管理类专家 32 名、技能类专家 18 名。2003年，公司以提高技能素质为重点，开展了"全员技能练兵年"活动，45 岁以下员工全部参加岗位技能竞赛，选拔公司级技术能手 90 名，业务能手 73 名，江苏省技术业务能手 27 名。同时，公司出台了"引进高层次人才实施办法"。近 3 年来，公司与清华大学、东南大学联合举办了工程管理研究生班，培养高层次人才。公司引进重点院校硕士研究生近 200 名，建立了博士后工作站。对基层员工和一线操作工，公司从物质到精神给予关心，鼓励其岗位成才。人力资源的开发为实现争先、领先、率先的目标提供了强有力的人才基础。

遵循发展优先的价值观，打造先进的物质文化。公司围绕"四化一先"的战略，瞄准国际一流的目标，以发展为主题、以科技为先导、以"三先"精神为动力，不断超越自我，增强综合实力，推动公司做强做大。公司拥有的 500 千伏变电站、220 千伏变电站、500 千伏线路均居全国省级电力公司之冠。公司总资产周转率、流动资产周转率、不良资产比率、资产损失率等指标均达到国电公司的优秀标准值。实时监控的客户服务系统在国内居领先地位，其中部分功能已达到国际先进水平。供电可靠率达到 99.968%，农村电网供电可靠率达到 99% 以上，超过了国家一流电网的要求。近 3 年来，公司有 9 个项目获得国家电网公司的科技进步奖，15 个项目获得江苏省科技进步奖，拥有专利 58 项。公司加快构建"江苏数字电力"，建设信息高速公路。先行文化的精神力量源源不断地转化为物质成果。先进的物质文化建设，为先行文化的形成奠定了强有力的物质基础。

7. 公司企业文化建设的启示

公司的企业文化建设必须适应社会经济发展对电力企业的要求。随着社会主义市场经济体制的完善和国家电力体制改革的不断深入，电力企业的体制、机制和所面临的外部环境正在发生深刻变化。公司的企业文化建设必须适应电力企业"政企分开、厂网分开"和建立现代企业制度的要求，确立适合于自身发展的价值观和规范。中国加入世贸组织，电力企业主动与国际接轨，公司的企业文化建设必须与企业管理素质的提升和追求国际一流目标的要求相适应，吸收世界上优秀企业文化的成果，提升公司企业文化的品质。全面建设小康社会和实现江苏"两个率先"的目标对公司发展提出了新的要求。公司的企业文化建设须持续改进，为公司实现同行领先和率先发展提供动力保障。

公司的企业文化建设必须适应电力企业自身发展的要求。企业文化只有与公司发展战略的要求相匹配，才能有助于公司企业文化的塑造，促进公司发展战略的实现。企业文化建设必须抓住公司发展的关键时机，在公司实现阶段性目标的转折点之际，主动推动企业文化的改造。企业文化建设必须根据公司所处内外情境的变化，及时找准突破口，确立企业文化变革的方向和目标，不断推动公司自身发展和自我超越。

公司的企业文化建设必须适应企业文化建设客观规律的要求。公司的企业文化建设必须以优秀的文化改造不良的文化，引导公司持续健康发展。企业文化建设是不断整合公司内部亚文化的过程，必须重视协调公司整体文化和亚文化的关系，要努力使各种亚文化拥有更多的共同点并向整体文化靠拢，促进员工对企业文化的认同。同时，鼓励基层单位根据各自的特点创造自己丰富多彩的企业文化。企业文化是一个文化继承和不断创新的过程。公司的企业文化建设必须与经营发展同步，虽然使命、核心价值观在相当长的阶段是相对稳定的，但随着公司环境变化，必须赋予其新的内涵，倡导新的文化理念。要按照国家电网公司提出的发展目标、企业精神、服务理念等要求，整合公司的企业文化，主动融入国家电网公司的企业文化体系。只有创新公司的企业文化，才是有生机活力的企业文化。

8. 企业和谐文化建设的核心内容

（1）倡导简单和谐的人际关系。企业内部同事之间，企业与政府、客户、新闻媒介、发电企业、供货厂商等之间，人际关系都要尽量简单、简约、简化，在纷繁复杂的社会关系中要有冷静从容、淡泊平和的心态，明辨是非、光明磊落，做到有所为、有所不为，力戒唯利是图、趋炎附势，要时时处处注意维护和谐局面。

（2）树立竞争进取的人生态度。要适应市场经济的新形势和公司发展面临的新变化，从公司化运营的角度思考问题，树立强烈的事业心和责任感，增强竞争意识，弘扬果敢硬朗、求真务实的工作作风，积极进取，奋发有为。

（3）严守忠诚感恩的为人准则。要对公司忠诚、对事业忠诚，对国家、对企业、对家人、对朋友怀有感恩之心，树立良好的从业心态和奉献精神，竭诚地、兢兢业业地为企业做出贡献。

（4）培育齐心协力的团队精神。要增强大局意识、协作精神和服务精神，尊重个人的兴趣和成就，在内部形成舒畅、融洽的气氛，增强全体成员的向心力、凝聚力，实现个体利益和整体利益的统一，保证企业的高效运作。

公司认为，企业诚信始于客户需求，终于客户满意，从客户需求出发，做到服务理念追求真诚，服务内容追求规范，服务形象追求品牌，服务品质追求一流。以客户满意、政府放心为服务工作的目标和归宿，服务党和国家的工作大局，服务发电企业，服务电力客户，服务社会发展。

在实施企业诚信的同时，江苏电力把落实安全作为公司员工诚信的重要内容，公司提出"没有消除不了的隐患，没有避免不了的事故"。公司因势利导、因地制宜地教育员工：隐患是事故的温床，主动消除隐患，避免事故；侥幸是安全的大敌，严格遵循安全规程，杜绝任何侥幸心理；严格安全责任考核，严肃安全责任追究，保证人身、电网和设备安全。江苏电网提前建成"三纵三横"的500千伏网架，省级主网基本完成从220千伏到500千伏的升级，220千伏电网成为次一级输电网并基本实现分区运行，110千伏及以下电网演变为地区配电网，逐步完善的电网结构成为电网安全、可靠、经济运行和可持续发展的省力保障。在江苏电力看来，企业诚信、企业和谐、企业的可持续发展与科学发展观是统一的，因此必须紧紧围绕"一强子优"的战略目标，服务于资源节约型和环境友好型社会建设，坚持把安全生产放在首要位置，进一步提高电网管理现代化水平；坚持科学发展，规划建设坚强的江苏电网；坚持管理创新，提升集约化经营能力；坚持"四个服务"宗旨，塑造真诚规范的服务形象；坚持稳妥有序，进一步深化改革；坚持以人为本，构建和谐企业；为江苏富民强省、"两个率先"目标做出新的贡献。

三、分析、借鉴与点评

水是生命之源。电能是社会经济发展的血液，是人类文明进步的物质动力。

社会运转离不开电力，停电会导致电信、交通和供水等中断，政府机关无法办公，科学实验无法进行；企业生产离不开电力，停电会导致机器停转，合同无法履行；人们的日常生活离不开电力，停电会导致家庭生活无序，商店无法营业，医院无法诊治；等等。人均用电量的多少已成为衡量社会经济发展和生活水平高低的标尺，可见电能在社会生活中的地位和重要性。电网企业是国民经济的独特载体，它的发展关系到国家和社会的长远发展。同时它的发展也离不开所有利益相关者的支持。因此，电网企业在关注经济利益的同时，应当积极主动地承担起应当承担的社会责任。尤其是在构建社会主义和谐社会的今天，电网企业作为社会的重要组织，应当以承担社会责任的方式保证利益相关者关系的和谐融洽，为和谐社会建设做出自己的贡献。这是自身发展的需要，更是社会稳定和发展的必然要求。

作为全球最大的公用事业企业，国家电网的社会责任理念是：认为社会责任是对企业经营理念的提升，强调企业履行社会责任是实现综合价值最大化的过程。在这种先进理念的指引下，国家电网奠定了其在国企社会责任领域的"领头羊"地位。国家电网公司党组书记、总经理刘振亚将国家电网的社会责任理念归纳为：企业不仅要追求财务价值，而且要追求经济、社会和环境的综合价值；不仅要为股东创造价值，而且要为利益相关各方创造价值；不仅要实现企业内部资源的优化配置，而且要努力促进社会资源的优化配置。

☞ **思考题**

（1）江苏电力的企业文化发展经历了几个阶段。

（2）你认为什么是电网企业的社会责任。

（3）江苏电力的先行文化有什么特点和重点。

案例五
广厦集团着力培育现代工人

一、企业文化的创立背景

广厦建设集团有限责任公司（以下简称"广厦"）是我国改革开放后迅速成长起来的一家民营建筑施工企业集团，20 多年来，广厦建设集团逐步探索出一条有组织、有规模的农民工培训新路子，促进农民工教育走向规范化、常规化和高档次，对企业安全生产、文明施工管理发挥了积极的作用。广厦建设集团有限责任公司是广厦控股创业投资有限公司的核心企业集团，是一家以工业与民用建筑施工为主导产业的大型民营企业集团，具有房屋建筑工程施工总承包特级资质，已经于 2002 年通过质量、安全、职业环境卫生三个体系的整合贯标认证。2004 年集团公司共完成建筑业总产值 127.34 亿元，新承接工程量 193.81 亿元。在全国民营建筑施工企业中名列前茅。

在短短 20 年的历程中，集团公司创造了骄人的业绩：累计获得 16 项鲁班奖，300 多项省级优质工程；曾获全国建筑业优秀企业、全国 500 家最佳经济效益企业等称号。在浙江省民营企业经济总量排名中位居第一，全国排名第四位，《建设时报》和美国《工程新闻记录》杂志 2004 年中国承包商 60 强排名第 13 位。

二、以人为本，加强农民工培训

1. 农民工培训工作的基本情况

广厦建设集团取得的巨大成就，凝聚着以楼忠福同志为首的广厦经营者勇于进取、搏击市场的智慧和胆略，也凝聚着全体广厦人团结拼搏、勇于奉献的创业精神。更重要的是，这与广厦集团一贯尊重知识、尊重人才的优良传统是分不开的，与广厦集团注重全体员工的素质培养是分不开的。早在 20 世纪 80 年代末期，楼忠福同志就高瞻远瞩地指出："不抓设备今天没饭吃，不抓人才明天没饭吃！"话语虽很朴素，但很实在、很到位。

为此，广厦集团制定了切合实际的人才战略，一是引进，二是培养。对民营企业来说，引进人才并不容易，特别是 20 世纪 90 年代中期之前，人们的思想观念还相对保守，大中专毕业生的眼光都放在政府部门、事业单位和国有企业。只是到了近几年，随着国家经济体制的改革，民营企业优势得到空前释放，才给广厦集团引进各类高级别人才创造了前所未有的条件。因此，在很长一段时间里，广厦集团都自力更生，着力于培养和培育自己的人才队伍，包括创办学校，开办各种培训班等，以满足企业的人才需求。这其中有很大一部分是生产操作人员的培训项目，从起初的岗前培训到民工学校的运作，反映了集团公司在农民工教育模式上的巨大进步。目前，广厦集团除创办了在校生规模达 5 万人的广厦建设职业技术学院外，还广泛开办了民工学校，现集团公司各成员单位均开设了民工学校或分校，共有 24 家，同时，各项目部都设立了相应的民工学校教学点。

通过引进和培养，广厦建设集团现已拥有各类经济技术人才 5000 多名，基本适应了集团公司经营管理工作的需要。目前企业总部机关 95% 的管理人员都具有大专以上学历，中层以上的骨干已基本完成了新老交替，企业的智力水平和"知识密度"已经逐步超越国内同行。

2. 农民工培训的主要做法

（1）提高思想认识，加强组织领导。广厦高层一直高度重视人才工作，也一直高度重视对农民工的教育培训工作。从 20 世纪 90 年代后期起，广厦人就开始思考和探索农民工教育培训工作，并逐步确定了以"民工学校"作为此项工作的载体，这一思路得到了楼忠福同志的肯定和支持。当时我国城市和工业建设如火如荼，建筑业蓬勃发展，各地建筑企业也如雨后春笋般发展起来。但快速的发展也带来了诸多问题，首当其冲的是安全问题。从事建筑业一线工作的，主要以进城务工的农民工为主，由于历史和社会的原因，他们中的绝大多数人员文化水平低，安全意识薄弱，安全技术严重匮乏，造成建筑业安全事故频发、安全生产形势异常严峻的不利局面。而在短期内建筑企业既不能迅速提高民工素质，也没有更好的选择余地。广厦高层对各地的安全事故进行客观剖析后，发现80%以上的安全事故是由民工缺乏安全防护意识、操作不当或者安全技术不过关造成的，一时的疏忽往往带来个人、家庭、企业乃至社会巨大的损失和痛苦！

痛定思痛，广厦人开始了他们改变命运的大行动：把学校办到项目部去、把课堂设到工地去，用最小的付出获取最大的回报！然而，要在工地办起民工学校，谈何容易！

首要的是观念上的极大的障碍。广厦的经营体制是以项目经理为市场主体，由项目经理全权经营和自负盈亏，开办学校意味着增加投入，而在项目刚刚起步还没有产生效益的时候，他们一时想不通也很正常；而对大多数民工来说，他们对开办学习班也存有疑虑，认为泥水工这活如此"简单"，大家又做了好多年，培训啥呀？不理解。

楼忠福同志有句名言：困难困难，困在家里就难，出路出路，走出去才有路！要落实民工学校工作，首要的任务是统一思想认识，集团公司开始大张旗鼓地宣传开办民工学校的重要性和紧迫性，在制度上把民工学校管理与安全生产责任制进行挂钩，写入《安全生产责任书》，要求各成员单位"一把手"负责，把民工学校普及到每一个项目部。2004年，在原有办学基础上，广厦建设集团民工学校总校成立，集团公司董事长楼明亲自担任校长，各成员单位的民工学校或分校也指定由单位"一把手"担任校长，并建立日常管理机构，从而在组织上有力地保证了民工学校的规范。

（2）制定培训规划，明确培训目标。广厦建设集团对农民工培训工作制定了明确的目标和规划。广厦建设集团是一家具有较长历史的建筑施工企业，与所有兄弟企业一样，民工管理是生产管理中的重点，也是难点。究其原因，一是生产一线工人以进城务工的农民为主，文化程度低，技术素质差，质量和安全意识薄弱，组织纪律观念不强；二是工人的流动性大，队伍的稳定性差，给项目经理对民工教育培训的投入设置了障碍。针对上述情况，集团公司制定了针对性极强的民工培训目标：以文化补习、技术辅导和思想教育为切入点，在全面提高农民工的基本文化素质和岗位技术的基础上，加强对民工的爱国主义、集体主义、社会公德和爱企爱岗教育，稳定工人队伍，促进安全生产、文明施工管理上台阶。

根据这一工作目标，集团公司编制了非常具体、详细的教学规划：对民工教育培训的形式、师资、教学设施、教学内容等都做了规定，并制定了短期计划和长期规划，为后来的民工学校工作奠定了坚实的基础。

（3）建立培训机构，开办民工学校。最初的民工学校产生于2000年，广厦建设集团率先在杭州、金华等地的部分项目部试办了民工学校。项目部在工地利用职工食堂等作为教室，项目经理自掏腰包配备了桌椅、黑板等基本教学设施，有些条件稍好的项目部还配置了影碟机等先进的设备。至于教材，主要以安全操作规程、岗位职责和各地发生的安全事故分析等现有资料为主，师资更是"就地取材"，由项目经理、总工程师、技术负责人、质量员、安全员等项目部管理人员担当，经过与工人的积极沟通，他们利用夜间等业余时间分批组织项目部民工开展培训教育。虽然设施简易，师资力量不专业，教材也不规范，但取得的效果很好，可以说是立竿见影。员工安全意识很快就有了提高，原先不爱戴安全帽的，现在戴了，原先不遵章守纪的，现在"听话"了，甚至原来不讲卫生的，现在也注意保护公共环境了，改变确实很大，项目部各项管理随之得到了迅速提高，企业形象也改善了不少。更为重要的是，通过办班把民工的业余活动吸引到"正道"上来，不仅丰富了民工们的业余生活，还大大减少了民工上街喝酒滋事、打架斗殴等现象的发生，有利于当地的社会治安管理，也在客观上为构建和谐社会做出了贡献。

部分成员单位和项目部起初并不理解，有的认为这是一种形式主义，也有的认为这会影响企业的经济效益，还有一种较普遍的心态是对安全工作存在侥幸心理。但是，随着时间的推移，开办民工学校的单位在安全工作业绩方面显现出明显的优势，特别是最近两年，在各地重特大安全事故频频发生，建筑业蒙上较大阴影的情况下，开办民工学校的单位取得了很好的成绩。很快，部分项目部开办民工学校并取得良好效果的事情在集团内部产生了广泛的影响。集团领导抓住时机组织各成员单位开展现场观摩学习，总结经验，并要求有条件的单位都要在下属各项目部办起民工学校，没有条件的单位要自力更生，千方百计创造条件，从而为在集团普及民工学校打好基础。

几年来，集团在民工学校建设方面已先后投入数百万元资金，累计近10万人次接受了培训和教育。这项工作已经成为各单位的日常工作和项目经理开工建设的自觉条件，同时也得到了民工的普遍接受和欢迎。

2003年12月，广厦建设集团党、政发出了《关于在全行业开办"广厦民工学校"的决定》（以下简称《决定》），拉开了集团正式实施规范化民工学校管理工作的序幕。《决定》框定了集团民工学校的组织机构、各级管理部门的职责、统一规范的教材以及对民工学校管理工作的考核和奖惩办法。这标志着广厦建设集团农民工培训工作走上了新的发展阶段——正规化、规范化的管理阶段。

（4）丰富培训形式，统一培训教材。由于最初的农民工教育培训工作十分松散，各单位和项目部各自为政，培训内容也比较单一，在一定程度上限制了民工学校的发展。

经过调研，集团公司决定综合各成员单位举办民工培训班的经验，编制统一的教材。2003~2004年，集团公司组织了总工办、党群办、人事部等部门的精干力量并抽调了部分成员单位的技术骨干着手编制新教材。他们在总结近年教学经验的基础上，对新教材的课程设置作了很大调整，在员工行为规范和道德情操、安全生产知识和技术、工伤救护和案例分析等主要内容的基础上，融合了广厦的发展历程、现有状况、远景规划以及广厦的企业文化教育，还有机结合了政治常识和爱国主义教育，使学员在学习文化知识和科学技术的同时增强对企业、对社会、对祖国的认同感和主人翁精神。这种雅俗共赏的课程设置十分适合民工现有的素质，符合民工学校教育的需求，也在现有条件下提高了教材的档次。为使教材更加生动吸引，总校还专门配发了光盘，用鲜明的图片、影像、动画和标准的配音促进寓教于乐。

这本题为《把生命意识融入建筑》的读本，文字简洁、通俗易懂，十分贴近当代建筑工人的工作和生活，是目前国内唯一的一套针对民工教育的规范性教材。该读本的出版发行填补了当时浙江省乃至全国建筑行业民工教育工作的一项空白。

（5）制度化保证。广厦民工学校管理有着严格的制度约束。根据规定，广厦民工学校按建设集团（总校）、成员单位（学校）、项目部（分校）三级进行组织，各成员单位校委会由董事长、总经理、党委（总支、支部）书记、工会主席、生产（技术）副总经理、总工程师组成，主要负责人任校长，工会主席或总工程师任教务长。各成员单位 1000 万元（或建筑面积 5000 平方米）以上的项目就应设立分校，低于此标准的项目部采取就近挂靠或由所在地分公司、办事处统一组织设置教学点等方法落实民工学校教育活动。同时规定，分校教学每周 1~2 课时，每课时不少于 1 小时，平均每月不少于 8 小时，由分校建立教学台账，以便学校和总校查验。民工学校的考核也有严格的制度。一是由总校按《教学大纲》统一编制试题库，由各学校自行命题、考试和阅卷，成绩单报总校备案；二是由总校为按规定学完课时且经考试合格的学员发放《广厦民工学校合格证》，《合格证》在集团公司所属成员企业承包内通用；三是建立优秀学员评选制度，按 10%的比例评优，奖励标准由各学校自行确定；四是总校每年进行一次综合考评，分别评选出优秀民工学校、优秀民工学校分校、优秀民工学校管理者和优秀学员。

（6）实效。经过多年的培训和学校管理，广厦建设集团在农民工教育方面取得了实实在在的效果，为企业安全生产、文明施工和两个文明建设发挥了积极的作用。一是职工队伍的整体素质有了大幅度提高，安全生产形势大为好转。通过培训教育，工人们的安全生产意识有了较大改进和提高，安全生产技能有了较大提高，遵章守纪的多了，违反操作规程的少了，安全事故发生率显著下降，企业创优夺杯工作取得了丰硕成果。二是职工的归属感增强了，队伍的稳定性提高了。通过培训教育，学员们得到了企业文化的熏陶，思想觉悟有了一定的进步，对广厦的公司制度以及公司对员工的关爱有了具体的认识和认同。三是对项目部所在地的治安工作产生了促进作用，有利于政府创建和谐社会决策的实施。

三、分析、借鉴与点评

第一，培训对企业管理工作的重要性是不言而喻的。企业必须不断巩固人才基础，培养骨干人才，使其具有综合素质，从而保证各项生产经营任务。逐步增加骨干人才的数量，优化骨干人才的结构，提高骨干人才的素质，是使企业从劳动密集型向技术密集型、管理型转变的关键。通过培训可以提高员工的创新能力、提高团队的合作能力，从而提高员工的个人能力和团队的整体能力。员工个人能力的提高是自我价值的一种实现，同时也增加了员工的归属感、安全感和认同意识。任何希望强大的企业，都必须为员工支付一大笔培训费。这是提升企业价值的必由之路。通过培训，一方面提高员工技能，另一方面灌输企业文化，让员工更多地了解企业的意图与信息，理解企业的行为，与企业取得一致的想法，从而有利于今后的行动。更重要的是通过培训在员工的脑子里深深地打下企业的烙印，奠定员工今后的行为准则和思维模式，把自己的成长与企业紧紧地联系在一起。员工在提高自身能力的同时实现了其自身价值，也就对企业多了一份认同感，这就会从根本上增加企业的价值。千万要记住一条规律：凡是优秀的公司，它所培养的人才只适合它这片土壤，而不是到哪儿都适合的。有些企业担心员工跳槽而拒绝为员工提供培训、进修机会或大量削减培训经费的企业，结果只会加速员工的流失。

第二，农民工培训是个系统工程。这种系统性的表现之一就是其不仅涉及培训本身，更需要全社会对农民工的真正关注，要对他们的生存状态有更真实的了解。许多农民工表达的想法和要求已超出了培训内容，更多的是对平等的要求和对公正的渴望，希望全社会尤其是城市居民改变对他们的歧视。与培训农民工的城市文明素质（如公共场合礼仪等）相比，提高城市居民的平等意识是更为重要的工作。系统性表现之二就是对农民工的培训不能仅限于政府和企业，还应积极调动各种社会力量参与进来，形成全社会的合力。

思考题

（1）广厦集团为什么要加强农民工培训。

（2）广厦集团是如何进行农民工培训的，有什么保障措施。

（3）广厦集团进行农民工培训对缓解我国农民工就业形势有什么借鉴意义。

企业文化测量篇

案例六
内蒙古 Y 公司企业文化类型诊断与优化研究

　　企业文化作为企业组织的一种特性，它的内涵及影响企业的方式在一定的时期内是可控的。我们知道，企业的每一次变革都会对现有文化产生影响，而现有文化也扮演着阻碍或推动变革的角色。因此，企业文化现状的诊断与测量，是了解、控制、管理甚至改变企业文化的基础工作，也是企业文化建设的一个关键环节。本案例以内蒙古 Y 物流有限责任公司为例，诊断分析了企业现有的文化类型以及未来期望的文化类型，并根据所分析出的问题对企业文化的现状提出几点优化建议。这一过程对其他企业文化变革也具有重要的借鉴意义。

一、公司概况

　　内蒙古 Y 物流有限责任公司（以下简称"Y 公司"）在 1996 年成立。公司总部坐落于内蒙古包头市青山区京藏高速包头出口的西侧。这是一家拥有较大仓储和货运办公场地，并具有合法经营的所有证照，凭借着多年的物流经验将公司发展成一家集普通货物运输、货运代理、货物配载、仓储服务为一体的第三方物流企业。公司承运的主要货物有工业原材料、产品设备、农用物资、服装鞋帽、日用百货等。

多年来公司一直秉承着"诚信为本、客户至上、专业服务、持续改进、追求卓越"的经营理念。凭借着这种理念，企业在全国货物运输行业中树立了良好的口碑，得到了广泛的认同和更多的信任。但随着我国经济的不断发展，社会对物流的需求持续提升，物流行业的竞争变得越来越激烈，公司要想长期发展下去，就需要对自身进行全面分析与调整。目前公司正不断向现代化物流企业发展，在这个阶段公司出现了许多问题，如人才的缺失、制度的落后、组织内部的散乱等各种问题慢慢浮出，这时公司意识到要想改善现状就必须重新建设一套适应于现阶段发展的企业文化，因此要对自身已有的企业文化进行分析诊断，建立一套符合公司现在发展状况的物流企业文化。

二、针对 Y 公司企业文化类型的调查研究

本次调查目的在于深入公司内部，了解企业文化的现状，探知公司高中基层员工对企业的看法和对未来的期望，进而判定现如今企业文化的类型以及对未来企业文化的期望。主要采取的是问卷调查的方法，针对本公司员工发放问卷，并按高中基层划分：高层领导 35 份，中层 87 份，基层 32 份（现状与期望统一为一份），问卷共计 154 份，全部为有效问卷。下面用图形来具体分析调查的结果。

基于差异图 6-1，可以判断出高层期望公司增加严格高效型文化，削减创新个性型文化；现状与未来比较，对于家庭团队型有所增加、业绩导向型有所减少，但差异不大。

可以看出，高层期望公司依靠严格高效型的文化来发展，说明高层期望公司员工能够在严格的规章制度和正规的体制结构中按照特定的程序工作。

基于差异图 6-2，可以判断出中层期望公司增加家庭团队型和创新个性型文化，削减严格高效型文化；现状与未来比较，对于业绩导向型的现状与期望差异不大。

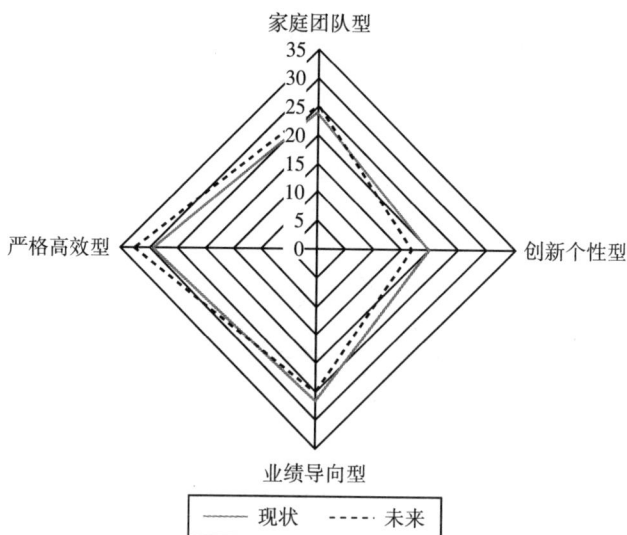

家庭团队型

严格高效型

创新个性型

业绩导向型

—— 现状　---- 未来

图 6-1　高层对企业文化现状与未来期望的比较

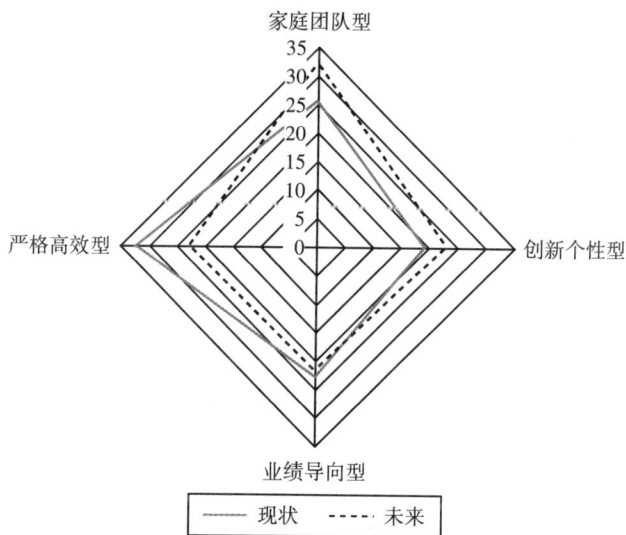

家庭团队型

严格高效型

创新个性型

业绩导向型

—— 现状　---- 未来

图 6-2　中层对企业文化现状与未来期望的比较

中层期望公司体现家庭团队型文化，增加创新个性型文化，说明公司中层需要多一些授权、参与、协作、横向交流、关心和认可，多一些创新和冒险精神，少一些障碍和微观管理。

基于差异图 6-3，可以判断出基层期望公司增加家庭团队型和创新个性型文化，削减严格高效型文化；现状与未来比较，对于业绩导向型有所缩减，但差异不大。

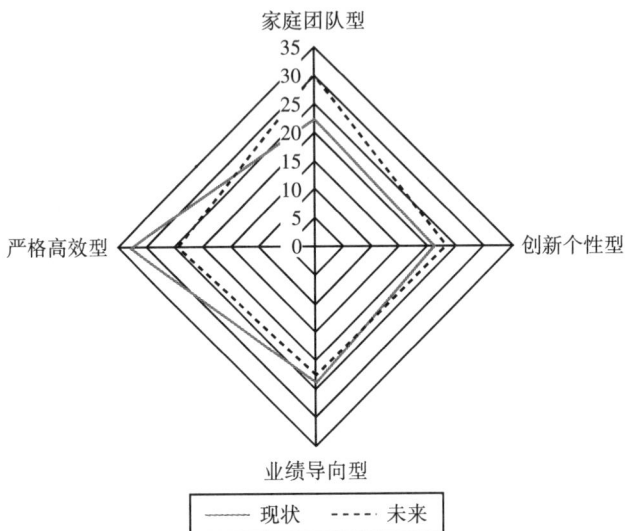

图6-3 基层对企业文化现状与未来期望的比较

基层期望公司体现家庭团队型文化，增加创新个性型文化，说明公司基层需要多一些授权、参与、协作、横向交流、关心和认可，多一些创新和冒险精神，少一些障碍和微观管理。

基于差异图6-4，可以判断出公司内高中基层都认为公司的企业文化现状是严格高效型文化；说明公司员工是在严格的规章制度和正规的体制结构中按照特定的程序工作，公司主要依靠严格的制度和政策进行发展。

基于差异图6-5，可以判断出公司内高层期望严格高效型文化，增加业绩导向型文化；说明高层期望公司员工能在严格的规章制度和正规的体制结构中按照特定的程序工作；而组织考虑的重点是拥有具备一定竞争力的价格优势和在市场上的领导地位。

中基层则期望家庭团队型和创新个性型文化，说明中基层期望公司多一些授权、参与、协作、横向交流、关心和认可，多些创新、个性以及冒险精神，少些约束和微观管理。

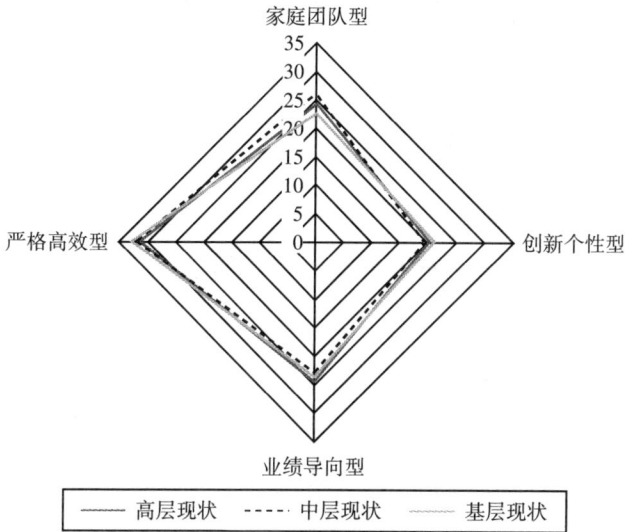

图 6-4 高中基层对企业文化现状的比较

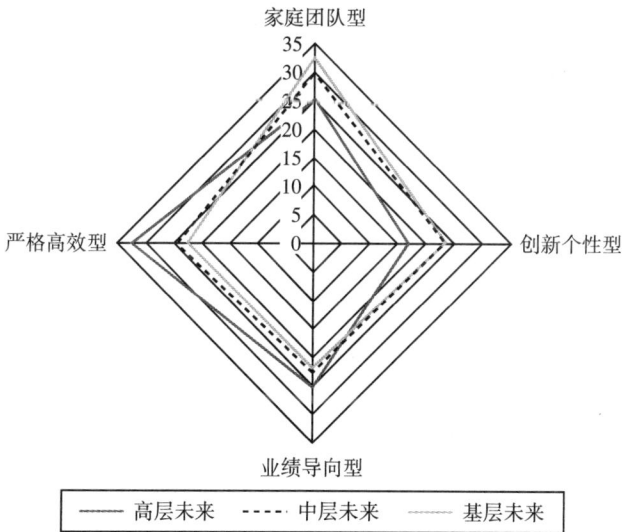

图 6-5 高中基层对企业文化未来期望的比较

三、集团企业文化现状与未来期望分析诊断

1. 公司现今的企业文化类型

通过上面的问卷调查结果分析可以看出，目前公司企业文化的主导类型为严格高效型，再经过进一步的调研和论证分析，我们认为这个判断和公司的实际情况是吻合的。成立 20 年以来，公司一直依照着严格的制度和程序稳定地发展，管理者一直采取保守的方式管理公司，但是随着经济不断发展，物流行业的竞争越来越激烈，公司领导人开始意识到企业需要改革自己的文化以便适应目前公司的发展，例如公司内部结构与制度的优化。

2. 公司未来期望的企业文化类型

上面的差异图分析显示，公司高层领导更期望未来企业文化的主导类型为严格高效型，高层更希望公司能在正规制度下发展。而中基层员工则期望企业文化的主导类型为家庭团队型和创新个性型，员工一方面希望能够有更多的机会参与公司的决策，希望公司能够将一些权力授予各个层次有能力的员工，让人才得到更大、更多的发展空间；另一方面则期望公司能够鼓励员工多一些创新思维，能够让企业跟上时代的发展。

四、内蒙古 Y 公司企业文化的优化建议

通过调查已经诊断出公司企业文化的现状以及未来期望的类型，企业文化要适应公司现在的发展并起到一定作用，需对现有的文化进行优化处理，这时需要结合高中基层员工的意见，并对其进行整理分析得出有效的方法，具体建议如下：

1. 优化物流业务流程

（1）公司应以业务流程为核心，对组织内部结构进行优化整合，保证企业能够依靠高效率、低成本的优势为客户提供更满意的物流服务；并且要以高效、合理为原则，缩减会增加物流成本和阻碍物流畅通运转的管理层次，进而减少业务流程的中间环节。

（2）从客户角度出发，以为客户提供更满意的物流服务为目标，尽量实现订单、配送、仓储、采购环节的整体化，员工也要做到反应迅速、动作敏捷、减少对物资损坏等业务基本要求，同时公司提供更低廉合理的服务费用，这样才能使客户满意度达到最大。

（3）本着提供优质服务的宗旨，在物流业务流程顺通的基础上增加附加服务。在满足用户全部要求的基础上，基于物流企业本身拥有丰富信息以及技术领先的优势，结合每个客户的特点为其提供一些具有创意的贴心服务，这样也可以提高企业的竞争优势，增加企业的客户资源。

（4）多关注社会的变化，运用现代科技手段来改造传统的物流业务流程，使其能够以高效率、低成本的状态跟上现代能源行业的脚步。

2. 建立"育才、求才、留才、用才"机制

（1）公司应进一步重视"育才"工程，培养属于自己的人才。①公司应增加对物流基础理论的研究，这样可以提高员工的整体素质，还应注重现代物流知识的交流。具体可以采取老员工带领新员工的方法，运用他们的经验鼓励员工积极主动地投入到物流工作中。②公司应定期对员工进行培训，以便培养更多企业需要的人才。人力资源的开发主要依靠自身的培训，公司可以建立一套更完善的培训体系，使培训起到作用。

（2）公司应建立"求才、留才"体系，留住优秀人才。公司可以依靠"事业留人、感情留人、待遇留人"的原则留住公司的核心技术人才。所谓事业留人，就是让员工能够充分展现自己的才能，使其在事业上能够稳步上升，达到自我价值的高度体现；所谓感情留人，就是公司营造一种关心员工、尊重员工、信任员

工的工作氛围，使员工能够主动将更多的情感投入到公司当中，为企业塑造良好的人文环境和企业文化；所谓待遇留人，就是给员工更好的优惠待遇，让其毫无后顾之忧地在适合自己的岗位上发挥最大的潜能，使员工能够感受到自己在公司中所受到的公平对待。

（3）公司要建立"用才"体系，合理分配人才。①合理安排人才，即人才能够在各部门合理流动，并且岗位的安排和能力的匹配是合理的。②公司可以建立人才竞争制度，通过人才之间的相互竞争发现更多可用的人才，达到"识才、用才，能者上、庸者下"的用人目的，充分展现人才的自身价值。当然，在人才竞争中要注重公平公正的原则，提高人才的综合素质，使公司内部员工的潜能和素质得到最大程度的开发和利用。③建立人才激励制度，这样可以调动起员工对工作的积极性，有效激发出人才的创造性潜能。结合公司工作岗位的质量、效益，拉开员工的工资水平，让员工意识到业绩的重要性。④改善员工在工作、生活和培训等方面的条件，关心员工的日常生活，及时发现他们遇到的各种难题，并尽可能地施以援手，这样可以提高员工的满意度与忠诚感，进而保证客户的满意度。

3. 倡导创新、冒险精神

公司应鼓励员工将创新、个性的思维运用到工作当中，让工作能够得到更有效地完成，公司也可以定期开展创新比赛，让员工带着创新思想或者技术参赛，最终获得胜利的员工可以得到奖励，并将其获奖作品应用到公司的业务当中，公司要想发展壮大不仅要靠严谨的制度，还需要不断地创新，这样才能将企业带领到现代物流发展的大军当中。

4. 创造公司团队文化

（1）制定清晰的团队目标。团队首先要制定一个适合目前企业发展的目标，并向员工进行分析解释，使其明白团队目标的意义和重要性，并意识到自己可以将自身目标与企业目标进行很好的融合，这样员工就能清楚地明白自己应该做什么，应该怎样去完成工作，并尽自己最大的能力为企业贡献力量。

（2）拥有相关技能。员工除了拥有丰富的物流知识，还应具备公司内部相互协调的能力以及与外部客户的沟通能力。因为物流行业是一个以服务为主的行业，需要员工具备良好的道德素质与沟通能力，这样才能为客户提供更优质的服务，为企业带来更多的效益。

（3）团队合作奉献精神。员工应该增加自身的团队意识，在完成好本职工作之后还要留意是否要为公司其他岗位提供适当的帮助，做到信息传递和业务交接无缝化。如果员工没有团队意识和奉献精神，就无法更有效地完成比较烦琐的物流服务。

（4）良好的沟通。物流服务主要就是与客户交流物流方案的设计、执行和评价，这就需要员工能够更好地与人沟通，协调好上下环节的岗位的员工。物流业务进行时要保证信息的及时传递与交换，这也需要员工有良好的沟通能力。另外，管理者与员工之间也要进行有效沟通，这有助于管理者指挥团队工作，避免不必要的误会。

（5）合适的领导。公司的领导者在项目进行时应该为团队指明方向，并阐明项目风险，鼓励员工大胆地进行工作，发掘他们的潜能。领导者不一定要进行严格的控制，他们可以作为员工日常工作中的教练，引导员工规避项目中可能产生的风险，加强员工处理各种突发情况的手段。管理者要把控好大局，多将权力下放给员工，让其更积极主动地为公司效力。

（6）内、外部的支持。好的团队文化一是要得到企业内部的支持，这种支持主要是企业能够提供完成工作所需的各种资源，以及拥有合理有效的培训体系、员工绩效考核体系和完整的人力资源管理系统。二是要得到外部合作对象或者客户的相关支持，当然这一部分目标很难达到，主要依靠核心管理人员的相互协商才能实现。

附录 2 案例使用说明

1. 教学目的与用途

（1）本案例主要用于《企业文化》课程中"企业文化测量"部分的企业文化类型判定，同时也可以应用在《企业经营策划》等课程的教学中，适用于工商管理本科生的教学。

（2）本案例主要通过介绍 Y 公司企业文化类型的判定，分析公司企业文化类型的现状和未来期望，为该公司企业文化变革提供依据。通过案例的分析，帮助学生理解和掌握企业文化测量的基本工具，为内蒙古其他企业文化建设提供借鉴。

2. 启发思考题

（1）奎因的竞争性文化价值模型是什么，应如何利用。

（2）企业文化量表的设计需要注意哪些问题。

（3）如果让你来设计企业文化测量量表，你会设计哪些主要维度。

（4）谈谈你对企业文化的可测量性的看法。

（5）适宜我国企业进行企业文化测量的维度有哪些。

3. 分析思路

分析该案例，可以按照目标管理的基本步骤来执行。

（1）让学生了解企业文化测量的模型，企业文化测量的核心是编制企业文化量表。

（2）学生要学会构建企业文化测量的理论框架，在此基础上设计适合企业特色的测量维度，然后针对各个维度编制测量题目。

（3）量表的表达力求准确、简单、直白，避免采用生僻词汇和复杂句型。企业文化测量是进行企业文化建设的基础性工作，也是进行一切与企业文化相关的实践与研究之基础。

4. 理论依据与分析

（1）对立价值构架。对立价值构架是人们对组织文化中所提出的绝大多数问题进行整合分析，并结合现实的经验积累，进而透彻地看出一个事物的本质。这就是用它来分析和启动组织变革的目的。对立价值构架的前身是从对组织效率分析研究开始的，约翰·坎贝尔与他的同事列举出了一个由 39 个指标组成的清单，他们认为这个清单可以表现出所有可能出现的影响组织效率的因素。奎因和罗尔博则进一步研究分析了这 39 个指标，他们认为这些指标过于繁琐，因此将其简化。下面是对立价值构架形成的过程和内在结构。

约翰·坎贝尔所提出的 39 个指标被奎因和罗尔博整合成四个组，每个组都具有代表性，也可将四个组划分为两个标准。第一个标准中的一组代表灵活性、随意性和适应性；另一组代表稳定性和控制力。第二个标准中的一组重视组织的内部管理和整合；而另一组更关注组织的外部竞争和差异变化。接着根据每个小组所描述的组织价值和表现进行命名，分别是：家庭团队型、创新个性型、业绩导向型、严格高效型。四个小组也代表了人们的不同价值取向，还体现出完全对立或者具有竞争关系的假设，进而构成了对立价值构架，它的建立就是为了寻找能够控制人们的思维方式与价值观，且获得一致认可的方法。由于每个组都表现出了丰富的内容，也可将其作为企业文化的类型来对组织进行诊断研究。

（2）奎因 & 卡梅隆的竞争性文化价值模型。竞争性文化价值模型从文化的角度考虑影响企业效率的关键问题。例如，企业中哪些因素影响着效率？企业的效率由哪些因素来体现？人们在判断效率高低时心里有没有明确的判定标准？对此，奎因和卡梅隆在前人的研究基础上提出竞争性文化价值模型，认为组织弹性—稳定性、外部导向—内部导向这两个维度能够有效地衡量出企业文化的差异对企业效率的影响（见图 6-6）。目前该模型在企业文化测量诊断方面的影响日渐增加。

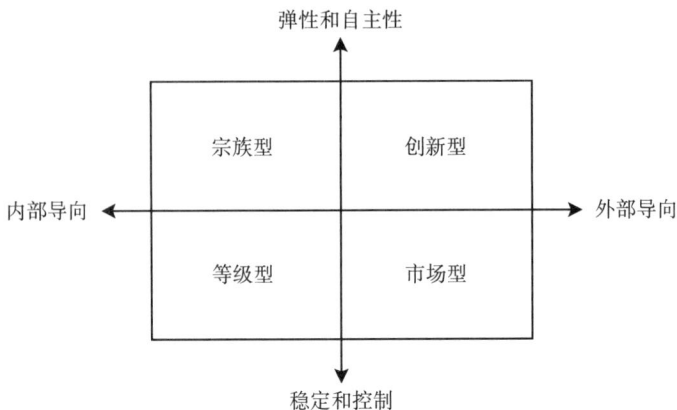

图 6-6　竞争性文化价值模型

资料来源：金·S.卡梅隆，罗伯特·E.奎因.组织文化诊断与变革［M］.谢晓龙，译.北京：中国人民大学出版社，1998.

竞争性文化价值模型提出，在"组织弹性—稳定性""外部导向—内部导向"两个维度的基础上可以派生出 4 个象限：等级型文化、市场型文化、宗族型文化和创新型文化。

（3）企业文化的类型。

第一，等级型文化。等级型文化具有规范的、结构化的工作场所以及程序式的工作方式。企业领导在其中扮演协调者、控制者的角色，重视企业的和谐运作。人们更关心企业长期的稳定性，尽量避免未来的不确定性，习惯于遵守企业中的各种制度和规范。这类企业著名的有麦当劳、福特汽车等。

第二，市场型文化。所谓市场型，并非以企业与市场的衔接紧密来判定，而是指企业的运作方式和市场一致。这类企业的核心价值观在于强调竞争力和生产率，更关注外部环境的变化，如供应商、顾客、合作人、授权人、政策制定者、商业联合会等。在该文化环境下，人们时刻以警惕的眼光看待外部环境，认为市场中充满敌意，顾客百般挑剔。企业要在市场中生存，只能依靠不断提升自己的竞争优势。因此，市场型文化中往往有一个明确的发展目标和主动进攻的战略姿态。通用电气公司（GE）、飞利浦（Philips）等企业即属于这类文化。

第三，宗族型文化。宗族型文化有着共同的目标和价值观，讲究和谐、参与和个性自由。这类企业更像是家庭组织的延伸。宗族型文化的一个基本观点是外部环境能够通过团队的力量来控制，而顾客则是最好的工作伙伴。日本很多企业属于这一类型，它们认为企业存在的重要目的在于提供一个人文的工作环境，而管理的主要内容只是如何激发员工的热情，如何为员工提供民主参与的机会。一般而言，这类企业员工的忠诚度较高。

第四，创新型文化。创新型文化是知识经济时代的产物，它在具有高度不确定性、快节奏的外部环境中应运而生。创新型文化的基本观点是，创新与尝试引领成功。为了明天的竞争优势，企业要不断地创造出新思维、新方法和新产品，而管理的主要内容就是推动创新。在这类企业中，项目团队是主要的工作方式，组织结构时刻随着项目的变化而改变。创新型文化主要存在于软件开发、咨询、航空、影视行业中。

（4）企业文化的测量维度。影响企业文化特征的因素很多，例如民族文化传统因素以及企业所在的地域，甚至企业的类型、规模、生命周期都会对企业文化产生重要影响。在设计企业文化量表时需要选择能够反映不同企业之间文化差异的关键因素，也就是如何来设计企业文化的测量维度。

测量维度的设计是企业文化量表的精髓所在，我们需要分析从哪些方面来测量、描述和评价企业文化特征（见表6-1）。维度的选择一般有三个要求：

首先，能够反映企业文化特征，这是最基本的要求；

其次，能够度量出不同企业之间的文化差别，具有代表性；

最后，相互独立，满足统计检验的要求。

表6-1 现状、未来的期望

行业	
身份	
一、组织的特征	
1. 组织是一个人性化的地方，就像是家庭的延伸，人们不分彼此	部落式
2. 组织具有很高的灵活性和很强的创业精神，人们勇于冒险和承担责任	临时体制式
3. 组织的功利性很强，人们主要的想法是完成工作，员工的能力很高，并且期望成功	市场为先式
4. 组织被严格地控制且纪律严明，人们按照条例办事	等级森严式
合计分数	

续表

行业	
身份	
二、组织的领导	
1. 组织的领导风格通常体现了导师、推动者或培育者的作用	部落式
2. 组织的领导风格主要是创业、创新和冒险尝试	临时体制式
3. 组织的领导风格主要是"没有废话",具有进取性和功利性	市场为先式
4. 组织的领导风格主要是有条理性、有组织性、运作顺畅且充满效率	等级森严式
合计分数	
三、员工的管理	
1. 管理风格是团队合作、少数服从多数以及参与性强	部落式
2. 管理风格是个人英雄主义、喜欢冒险、勇于创新、崇尚自由和展现自我	临时体制式
3. 管理风格具有很强的竞争性,要求和标准都非常严格	市场为先式
4. 管理风格主要是确保雇佣关系,人们的关系是可以预见的,具有稳定性和一致性	等级森严式
合计分数	
四、组织的黏合力	
1. 组织靠忠诚、互信黏合在一起,人们都具有承担义务的责任感	部落式
2. 人们靠创新和发展结合在一起,走在时代的前列是重点	临时体制式
3. 成功和完成目标把人们联系在一起,进取和取得胜利是大家共同的目标	市场为先式
4. 人们靠正规的制度和政策在一起工作,维持一个顺畅运作的组织是非常重要的	等级森严式
合计分数	
五、战略重点	
1. 组织重视人力资源发展、互信、开诚布公和员工持续的参与	部落式
2. 组织主要寻求新的资源和迎接新的挑战,尝试新事物和寻求机遇是员工价值的体现	临时体制式
3. 组织追求竞争和成功,打击对手和在市场中取得胜利是组织的主要战略	市场为先式
4. 组织希望看到持久和稳定,高效率、易控制和顺畅的运作是工作重点	等级森严式
合计分数	
六、成功的标准	
1. 组织对成功的定义是人力资源、团队合作、员工的贡献以及对员工关怀方面的成功	部落式
2. 组织对成功的定义是组织具有特色和最新的产品,是产品领导者和创新者	临时体制式
3. 组织对成功的定义是赢得市场份额并且打败对手,成为市场的领导者	市场为先式
4. 组织视效率为成功的基础,信息的相互传递、平稳的工作安排以及低成本是至关重要的	等级森严式
合计分数	

5. 关键要点

（1）掌握企业文化测量的内容。

（2）测量理论基础。

（3）相关维度的确定。

（4）量表设计方面的内容。

6. 建议课堂计划

本案例可以作为专门的案例讨论课来进行，也可以随着课堂内容的进行穿插讲解。以下是按照时间进度提供的课堂计划建议，仅供参考。

（1）整个案例课的课堂时间控制在 70~80 分钟。

（2）课前计划：提出启发思考题，以便学生在课前完成阅读和初步思考，并查找相关的资料，进行分析和 PPT 的制作。

（3）课中计划：简要的课堂前言，明确主题（2~5 分钟）；分组讨论（30 分钟），告知发言要求，由小组发言（每组 5 分钟，整体控制在 30 分钟）；引导全班进一步讨论，并进行归纳总结（8~15 分钟）。

（4）课后计划：如有必要，请学员采用报告形式给出更加具体的解决方案，包括具体的职责分工，为后续章节内容做好铺垫。

企业文化设计篇

案例七

霍煤集团以"两个最大化"的企业价值观为核心的企业文化

霍煤文化是霍煤人在长期的生产经营实践中，特别是改制四年来的市场实践中打造和形成的，它有着丰厚的底蕴和深刻的内涵，是霍煤集团重要的无形资产和精神动力，是企业核心竞争力的活力之根和动力之源，本质上反映了企业的进步程度和生产力成果。

一、公司概况

内蒙古霍林河煤业集团有限责任公司（以下简称"霍煤集团"）近几年的快速运行发展，不仅来源于经济力的支撑，更来源于文化力的蕴存。发展的霍煤，卓越的霍煤，更是文化的霍煤。是文化的力量打造了霍煤的理念与架构；是文化的力量使霍煤集团赢得了用户并拓展了市场空间；是文化的力量使霍煤集团率先突破褐煤企业瓶颈的制约，走上煤、电、铝联营的强势发展道路。文化力也是生产力，是一个企业诸多力量中最重要、最有效的一种力量。当前是霍煤集团发展的关键机遇期，如何发挥文化的力量，借势文化，以无形驭有形，以精神世界的凝聚与雕塑引领霍煤经济快速发展成为一个十分重要的命题。"两个最大化"的企业价值观的升华与实践，企业文化架构的打造与梳理，"能力与贡献"的讨论与内化，这些企业文化问题都成为提速霍煤发展的重要元素和部件。加强企业文化建设，使"能力与贡献"同频共振，将企业的理念与员工的理想融为一体，将企业的追求与员工的职业生涯设计融为一体，霍煤集团就一定能够战胜市场竞争强度增加和边界增长等困难，保证自身"三步走"发展战略顺利实施。

霍煤文化的形成经历了萌芽→归纳→形成→总结→升华内化的过程。这是一个渐进的过程，是一个不断发展的过程，也是一个不断完善的过程，更是一个不断产生动力的过程。员工从不知到接受、从认同到内化、从强化到自觉、从理论到实践，经历了观念的革命、理论的升华、文化的实践。霍煤集团在实施企业文化战略的过程中，坚持全员参与、理论普及、不断内化的原则。通过《霍煤文化手册》《霍煤企业文化纲要》《霍煤企业文化纲要考核办法》《霍煤文化读本》《霍煤人报》、霍煤有线电视等，不断宣传企业文化，实施文化战略，使之内化为员工的自觉行动。坚持学习先进，兼收并蓄，不断升华。霍煤集团跳出传统的国企观念，冲破思想束缚，向国内外先进的企业学习，"拿来"、消化、升华，形成更具霍煤特色的企业文化，并用其指导实践。霍煤集团本着高起点、高目标的原则，不断创新精神文明和企业文化建设，实施品牌凝聚战略，统一集团形象，增强集团凝聚力、向心力和外延力。霍煤集团根据公司的历史和现状，在总结归纳矿区建设 20 多年来的经验的基础上，建立了一整套完善且与集团发展目标相适应、相匹配的霍煤企业文化体系，形成了以"标识文化、礼仪文化、制度文化、道德文化和理念文化"为基础，以"两个最大化"的企业价值观为核心的具有浓厚霍煤特色的企业文化架构。

二、霍煤文化框架——具有霍煤特色的文化架构

霍煤集团从 1999 年成立之初，就开始进行积极有效的企业文化探索与实践，在传承开拓者创造的浓厚文化底蕴和吸纳现代理念的基础上，通过不懈的累积与反复的充填，对企业文化进行了卓有成效的系统建设与整合，企业文化向深层次递

延，呈纵横交错立体推进的发展态势，形成了霍煤集团特有的文化内涵和外延。

1. 打造理念

霍煤集团将理念文化的打造放到整个文化整合与建设系统中的首要位置。霍煤集团在 1999 年成立伊始，就鲜明地提出了"崇尚市场，用户至上，追求双赢"的营销理念。"提质保量，以质保价""用户利益最大化"等理念则成为霍煤人进入市场的金钥匙。"霍林河煤——还您一片蓝天"的品牌魅力和"霍煤人诚实守信"的人格魅力，以其独特的亲和力、穿透力和形象力的市场品牌服务特征，深深镌刻在霍煤人和广大用户诚意联结的友谊桥梁上。随着企业的发展壮大，文化理念也逐渐得以完善与提升。"员工能力发挥和对企业贡献最大化，企业效益增长和对社会贡献最大化"的企业价值观，"人才加创意和资本"的霍煤财富观、"人格魅力加品牌魅力"的霍煤服务观、"平衡互动，互利多赢"的霍煤经营观、"岗位成功=人才"的霍煤人才观等企业核心理念逐渐形成并得到广大员工的认可。

2. "人格"内核

人是文化的起点，也是文化的终点。霍煤集团从强调物的管理转向重视对人的管理，尊重知识、重视人才，对员工进行人格化管理，提出并践行着"以人为本"的企业人才理念。霍煤集团露天煤业股份有限公司成员单位南露天矿多年来坚持以"育精神、塑形象、铸灵魂、提素质"为工作的切入点和出发点，全力构建具有自身特色的人格化文化管理框架。露天煤业股份有限公司成员单位机修厂在人本管理上表现尤为突出。他们坚持"以人为本，以德治厂"的方针不动摇，坚持从员工切身利益出发，厂、车间两级领导多年来养成了经常深入生产一线的良好习惯，并建立了"四必访，四必看"的工作制度，每年为生产一线员工办成两至三件好事，年年都兑现。在对待市场和客户上，霍煤人更是处处时时体现着"人格化"的文化内核。"客户的需要，就是我们的工作""做企业先做人""用户最小的要求，也是我们最重要的服务""产品合格不是标准，用户满意才是目的"。这些不是写在纸上，喊在嘴上，而是实实在在地落在了行动上。人格化的营销文化、人文关怀的亲情注入，给市场吹来了一股清新的霍煤之风，"人文霍煤"的簇新营销概念成为霍煤进入市场、创造市场的最新卖点。

3. 文化链接

霍煤集团高度重视企业文化的开发，注重文化力、产品力、销售力与形象力的提升，将蕴含着巨大能量和文化附加值的霍煤品牌形象推向市场展示给用户。以文化为载体，以无形资产盘活了有形资产。打文化牌，唱经济戏，链接友谊、链接合作，以诚实守信为依托，以文化相融为基点，霍煤产品的品牌形象和霍煤人的人格魅力以文化链接的形式进入到客户的心中。2000 年，霍煤集团成功举办了"草原风情夏令营"活动，霍煤员工真诚、礼貌和热情的接待与服务给营员们留下了深刻的印象，播撒下了友谊的种子。2001 年，霍煤集团又大胆创新，举行了"路、电、矿"三方高峰聚会——"霍煤文化行"。以跨世纪、跨行业、跨文化的企业文化管理与整合的独特视角，融合了文化理念，打造了文化优势，使霍煤文化与市场成功对接。2002 年，霍煤集团又有大策划、大手笔、大动作。路电矿经济合作共同体高层论坛暨劳模联谊活动的举办，使共赢、繁荣、发展的概念更为清晰，是路电矿利益共享、共同发展的又一盛会，掀开了路电矿共同发展的新篇章。

4. 搭建框架

霍煤集团成立以来，在继承开拓者们所创造的深邃文化底蕴和吸纳外来先进文化的基础上，对企业文化进行了全面系统的构建与整合，搭建了霍煤人自己的企业文化框架。2001 年，霍煤集团编辑了第一本企业文化读本《霍林河煤业集团企业文化纲要》（以下简称《纲要》），《纲要》对霍煤文化进行了全面的梳理与归纳，成为霍煤员工学习的文化读本。2002 年，霍煤集团编辑了第二本企业文化读本《霍煤文化手册》，这是对霍煤文化的再梳理与再提炼。2003 年，霍煤集团又编辑了《霍煤文化读本》，站在企业文化的制高点上，站在霍煤历史与发展的视角上，搭建出更为理性的霍煤文化框架，使霍煤文化在实践中得以不断地总结、升华和内化。

三、霍煤文化理念——志存高远的发展宣言

核心价值观。员工能力发挥和对企业贡献最大化，企业效益增长和对社会贡献最大化。

企业精神——团结一致、艰苦创业、奋发向上、开拓前进。

霍煤服务——人格魅力+品牌魅力。

营销理念——崇尚市场、用户至上、追求双赢。

经营观——平衡互动、互利多赢。

分配观——效率效益优先，收入能多能少。

人才观——岗位成功=人才。

财富观——人才加创意和资本。

团队观——企业利益就是员工利益，员工形象就是企业形象。

学习观——学会了学习，就学会了生存。

管理观——员工竞争上岗，物资竞价进厂；无形比有形重要，软件比硬件重要；企业最好的时候，也是最危险的时候。

四、霍煤文化核心——"两个最大化"的企业价值观

霍煤人在企业的生产经营、市场营销等实践活动中形成了具有企业自身特点和个性特点的霍煤价值取向，即"员工能力发挥和对企业贡献最大化，企业效益增长和对社会贡献最大化"的企业价值观。其内涵和外延是追求员工能力与贡献的统一，企业效益与社会效益的统一，员工人生价值与企业价值的统一，个人理想目标和企业发展目标的统一。"员工能力发挥和对企业贡献最大化"是将员工自我价值的实现融入企业的整体目标，员工与企业同呼吸、共命运，在企业大目标的实现中体现自我价值，凸显个性的理想追求。"企业效益增长和对社会贡献最大化"是将企业发展与其所承担的社会责任紧密地联系到一起，不辱发展使命。

"两个最大化"的企业价值观在 2000 年霍煤集团公司首届党代会上一经确立，立即得到了集团公司广大员工的普遍认同和积极践行。"两个最大化"的企业价值观统一了员工思想，凝聚了员工精神，激发了员工的工作热情，引领着员工在企业改革、发展进程中发挥着越来越重要的作用。

2002 年，在集团公司贯彻中共十六大精神、加快公司发展的报告研讨会和依法治企、依法纳税的工作会议上，霍煤集团公司董事长王利民强调，"能力与贡献"是"两个最大化"价值观的内涵，是企业发展的保证。要深入挖掘企业价值观的核心理念部分，挖掘和延伸价值观，把价值观变成全体员工一致的共同理念。我们要以将员工能力发挥出来为荣，以员工能为企业做贡献为荣。

在这个基础上，霍煤集团对霍煤文化的核心部件"能力和贡献"进行了深入的阐述与提炼，霍煤集团认为，"能力"涵盖两个方面的内容：一个是员工的能力；另一个是企业的能力。"贡献"也涵盖着两个层次的内容：一个是员工对企业做贡献；另一个是企业对社会做贡献。能力与贡献是一对辩证统一的联合体。如果没有员工的能力，就没有其对企业的贡献，就不可能有企业的发展；如果没有企业的能力，就不可能有企业的生存和发展，就不能对国家和社会做贡献。而员工为企业做出了贡献，企业则会为其成长与职业生涯走向给予更优秀的环境与待遇，打造更富挑战性的发展平台，而企业为社会和国家做出了贡献，社会与国家则会给予企业更大的发展空间和宽松良性的发展环境，从而进一步促进企业发展，提升企业能力。

"能力与贡献"的核心理念为霍煤集团企业文化建设的内塑工程提供了明确的目标和清晰的方向，那就是把集团公司整体发展战略的实施内化为每名员工的自觉行动。在企业发展的不同阶段，企业文化的内塑是推动企业前进的原动力，企业理念被员工认可并实践的过程，就是企业文化理念的内塑过程。价值观的内塑就是把企业价值观作为企业形成管理方法的理念、产生经营行为的动因和员工统一的行为取向和价值取向的标准；体现在工作中就是一种内在的动力，体现在实践中就是一种敬业与奉献的精神。

在霍煤集团"企业价值观"内塑的系统工程中，员工竞争力的提高被放到重要的战略位置上来。为此，在全集团公司内部创设以能力论英雄、以发展论英雄的氛围，激励员工提高能力，打造员工与企业共同走向成功的平台。

霍煤集团在企业文化理念的塑造上不断创新载体、创新方式，以霍煤文化论坛为依托，以企业价值观的内塑为主线，以"能力与贡献"的全方位讨论为主题、深化、细化企业文化建设，突出"能力与贡献"的整合效能，以企业文化力的招延与开发实现经济力、生产力的全面推进。

五、霍煤文化超越——文化力提速生产力

霍煤集团的发展，得益于社会发展大环境的作用，得益于政府的有力支持，得益于用户的团结协作，更得益于霍煤文化。霍煤集团走的是霍煤文化开拓、规划的道路。霍煤集团借助的是霍煤文化所体现、所规范的管理，霍煤集团依靠的是霍煤文化打造、提升的高素质发展型的霍煤人。霍煤集团因霍煤文化而发展，而壮大，霍煤人因霍煤文化而进步，而优秀，霍煤文化因霍煤集团和霍煤人而升华、而成功。霍煤文化是霍煤集团发展的基石，是霍煤集团超越的原动力，是霍煤战略实现的助推器。霍煤文化是霍煤集团的立企之本，强企之基，兴企之源。霍煤文化的无形动力创造了霍煤集团发展的显性成果。霍煤文化的内聚合力与外延张力推动着霍煤集团企业实力和经济效益全面提升。霍煤集团自1999年改制以来，四年迈出四大步，跨入了自治区煤炭行业的先进行列，成为全区煤炭行业中改革力度最大、销售增长最快、社会贡献最大、员工收入最高的企业之一；获得了全国五一劳动奖状，被评为全区管理创新先进企业，进入了全区重点培育发展的20家大企业（集团）行列。截至2002年底，集团总资产34.6亿元，是改制前20.4亿元的169.61%；所有者权益18亿元，是改制前10.7亿元的168.22%；年上缴税费12574万元，是改制前2553万元的492.52%；人均年收入16904元，是改制前9621元的175.70%；利润由改制前亏损2853万元到2002年实现盈利10124万元。为保证企业的可持续发展，改制4年来已经累计完成固定资产投资39673万元。

以文化为依托，借文化之力，霍煤集团已经进入到了霍煤文化全面发展、霍煤集团全面发展、霍煤人全面发展同步进行的全新发展阶段。霍煤人正以宏伟的

发展战略践行着"三个代表"的重要思想，正在努力落实着杨晶代主席视察霍煤时做出的"全区最好，国内一流"的重要指示，在 2010 年产值突破 100 亿元，到 2020 年左右煤炭年产销量要突破亿吨，要建成东北地区的"煤都""电都""铝都"，成为国内一流、世界有名的大型企业集团。

附录 3　案例使用说明

1. 教学目的与用途

（1）本案例主要用于《企业文化》课程中"企业文化设计"部分的企业文化价值观设计的教学，适用于工商管理本科生的教学。

（2）本案例主要通过介绍该公司的企业价值观，一是使学生了解价值观是决定人们态度和行为的心理基础。二是帮助学生掌握在企业文化中，企业价值观被认为是驾驭全部企业文化活动的基本观念，具有比其他要素更重要的地位。它决定着企业存在的目的和意义，决定着企业的行为规范和评价标准，也决定着企业的发展方向。因此说它是企业文化的基石，也是企业精神文化的核心。三是促进学生知道"什么是该做的""什么是不该做的"，使之确立正确的价值观。

2. 启发思考题

（1）中国传统文化中的价值观有哪些。

（2）企业价值观的作用是什么，它有哪些影响因素。

（3）企业价值观与企业文化的关系是什么。

3. 分析思路

（1）让学生掌握企业价值观的概念、层次及内容。

（2）让学生能正确树立价值观念。

（3）学生要正确理解企业价值观对企业文化的影响。

4. 理论依据与分析

（1）企业价值观。研究企业价值观，首先要界定何为价值、何为价值观。价值表明的是一种关系，表示主体与客体之间需要与满足的关系。能够满足主体需要的东西，对主体来说，就是有价值的。人们在社会生活中会受周围各种事物的影响，产生各种感受和认识，经过长期的沉淀，便会形成比较稳定的观点，成为人们认识事物和采取行为时的依据。价值观即是价值主体在社会生活中形成的对周围社会的总的看法和根本观点，属于意识范畴。西方学术界公认价值观是企业文化的核心。而日本学术界对"价值观"一词的使用并不普遍，他们用"企业哲学"一词代替企业价值观。

在西方企业的发展过程中，企业价值观经历了多种形态的演变，其中最大利润价值观、经营管理价值观和企业社会互利价值观是比较典型的企业价值观，分别代表了三个不同历史时期西方企业的基本信念和价值取向。最大利润价值观，是指企业全部管理决策和行动都围绕如何获取最大利润这一标准，并以此来评价企业经营的好坏。经营管理价值观，是指在规模扩大、组织复杂、投资巨大且投资者分散的条件下，管理者受投资者的委托，从事经营管理而形成的价值观。一般来说，企业除了为投资者获得利润外，还非常注重企业人员自身价值的实现。企业社会互利价值观，是20世纪70年代兴起的一种西方社会的价值观，它要求在确定企业利润水平时，把员工、企业、社会的利益统筹起来考虑，都要兼顾，不能失之偏颇。

当代企业价值观的一个突出特征是以人为中心，以关心人、爱护人的人本主义思想为导向。过去，企业文化也把人才培养作为重要内容，但只限于把人才培养作为手段。西方一些企业非常重视员工的技能，大力投资，是为了提高企业的效率，获得更多的利润。当代企业的发展已经开始把人的发展视为目的，这是企业价值观的根本变化。

企业价值观是企业文化的核心内容，企业能否树立正确的价值观，是企业能否成功的根本。美国管理学家托马斯·彼得斯和小罗伯特·沃特曼在对国际知名的成功企业进行深入的研究后指出，我们所研究过的每一家出色公司，它们在自身的价值观这一方面，都是很明确的，而且很认真地对待价值观的形成过程。一家公司如果在价值观方面不是很明确，或者说确立的价值观不正确，那么这家公司是否能成为出色企业是值得怀疑的。

（2）企业价值观的演变。在西方企业的发展过程中，企业价值观经历了多种形态的演变，其中最大利润价值观、经营管理价值观和企业社会互利价值观是较为典型的企业价值观，分别代表了西方资本主义市场经济发展过程中，不同历史时期的企业的基本信念和价值取向。

第一，最大利润价值观。这一价值观盛行于 18 世纪至 20 世纪初，就是把利润的最大化视为企业经营决策和行为的最高准则，也是企业各项经营为之旋转的轴心。

第二，经营管理价值观。这一价值观始于 20 世纪 20 年代，是指在规模扩大、组织复杂、投资巨额且投资者分散的情况下，管理者受投资者的委托，从事经营管理而形成的价值观。一般而言，企业除了尽可能地为投资者获利以外，还非常注重企业人员自身价值的实现。它是对最大利润价值观的修正。

第三，企业社会互利价值观。企业社会互利价值观兴起于 20 世纪 70 年代，它要求企业在确定利润水平时，要把员工、企业、社会的利益统筹起来考虑，不能失之偏颇。它认为对企业来说，利润是一种手段，是企业为社会做出贡献而得到的一种奖赏，不断地提高整个社会的生活质量，不断地满足企业员工追求生活质量的要求，才是企业生产的最终依据。

当代企业价值观的一个最突出的特征就是以人为中心，以关心人、爱护人的人本主义思想为导向。把人的全面发展视为目的，而不单纯是手段，这是企业价值观的根本性变化。企业能否给员工提供一个良好的发展环境，能否给人的发展创造一切可能的条件，是衡量一个企业优劣、好坏的根本标志。随着现代科学技术的发展，21 世纪文明的真正财富，将越来越表现为人通过主体本质力量的发挥而实现对客观世界的支配。这就要求充分注意人的全面发展的问题。研究人的全面发展，无论对于企业中的人还是对全社会，都有着极其重要的意义。

企业价值观念的形成，是价值认识和评价的内化过程，是对企业某一类事物的总体看法。因此，价值观念的确立不能一蹴而就，它是职工群众对价值关系、价值创造活动、价值评价长期经验的理性积淀，是管理者的经营理念与职工价值观念逐步碰撞、磨合直至统一的过程。企业价值观念的形成，伴随着职工工作态度和激情的显著提升，凡事由"要我做"转变成"我要做"，才是推动企业发展的内在动力。

5. 关键要点

（1）什么对企业有价值？从这个角度来看，企业价值观就是全体或多数员工一致赞同的关于"哪些对象对于企业来说有价值"的看法。如果甲企业全体（或多数）员工认为，集体主义对于企业来说有价值，就称甲企业具有"集体主义价值观"；反之，如果乙企业全体（或多数）员工认为，个人主义对于企业来说有价值，就称乙企业具有"个人主义价值观"。由此我们不难理解利润价值观、服务价值观、为公价值观、为私价值观之类提法的含义。由于员工对企业的需要有不同的认识和理解，或者对对象的属性有不同的认识和理解，或者掌握与利用对象的属性各有不同的方式，因此在确定对象对于企业来说是否有价值时，会出现不同的看法，这必然会导致价值观的多元化倾向。从这个角度来看，建立企业共有价值观的过程，就是一个如何协调多元的价值观，如何让成员之间通过加强信息交流以取得共识的过程。由多元的价值观，到一元的价值观。

（2）企业的价值是什么？从这个角度来看，企业价值观就是全体（或多数）职工一致赞同的关于"企业的价值在于什么"的看法。例如，一些企业的员工赞同"企业的价值在于育人"，另一些企业则赞同"企业的价值在于致富"，还有些企业认为"企业的价值在于创新"，等等。对于这些看法，可以相应地简称为"育人价值观""创新价值观"等。当然，这些看法并不是互相排斥的，而是在某些层面上可以互相兼容的。只是价值主体选择的角度和立场存在着偏差，才导致了这些不同价值观的出现。

从这个角度来看，企业价值观方面的分歧，往往是价值主体选择上的分歧：企业家不同意企业的价值在于育人，是由于他本人没有育人的需要，并不是由于他不认识或者不理解企业的某些活动可以满足工人成长的需要，他甚至故意将若干关键的技术岗位向工人保密，因为他不愿意把工人视作企业价值的主体；同样，工人们不赞同"企业的价值在于致富"，是因为企业并没有使他们致富，但他们并不否认企业使企业主致富了，他们也不情愿只选择企业主作为企业价值的主体。这个价值主体如何选择的问题，实际上涉及人们的切身利益以及观察问题的立场和角度。从这个角度来看，建立企业共有价值观的过程，就是在企业全体人员中调整利益关系并寻求共同立场的过程，就是企业员工在对经济价值和精神价值等多种客体因素进行排序过程中如何达到有机协调的过程。

6. 建议课堂计划

本案例可以作为专门的案例讨论课来进行，也可以随着课堂内容的进行穿插讲解。以下是按照时间进度提供的课堂计划建议，仅供参考。

（1）整个案例课的课堂时间控制在 70~80 分钟。

（2）课前计划：提出启发思考题，以便学生在课前完成阅读和初步思考，并查找相关的资料，进行分析和 PPT 的制作。

（3）课中计划：简要的课堂前言，明确主题（2~5 分钟）；分组讨论（30 分钟）；告知发言要求，由小组发言（每组 5 分钟，控制在 30 分钟）；引导全班进一步讨论，并进行归纳总结（8~15 分钟）。

（4）课后计划：如有必要，请学员采用报告形式给出更加具体的解决方案，包括具体的职责分工，为后续章节内容做好铺垫。

案例八
英特尔的创新理念

一、创立企业文化的背景

英特尔公司（Intel）创立于 1968 年。20 世纪 70 年代，英特尔开发出世界上第一块用于个人电脑的 4004 型微处理器。80 年代，英特尔把普通的芯片制造工艺改造成为世界上最高效、最尖端的工艺。90 年代，在创新理念的指引下，英特尔不断改进芯片的设计，使它的年销售额增长了 7 倍，超过了 250 亿美元，资产回报增长了 1 倍，资本投资达 183 亿美元。在《财富》杂志评选全美最受推崇的 10 家企业中，英特尔名列第四，在该杂志 1999 年公布的全球最大 500 家企业排行中，该公司排名第 121 位，营业收入达 262.66 亿元，利润为 60.68 亿美元，资产额为 314.71 亿美元。

二、企业决策层不断创新的理念

1. 摩尔定律催人创新

英特尔的创始人摩尔从 20 世纪 70 年代起就构筑了其赖以成功的商业模式——不断改进芯片的设计，以技术创新满足计算机制造商及软硬件产品公司更新换代、提高性能的需要。摩尔提出，计算机的性能每 18 个月翻一番，只有不断创新，才能赢得高额利润并将获得的资金投入到下一轮的技术开发中去。

英特尔在推出第一块用于个人电脑的 4004 型微处理器之后的一年又推出了升级产品 4008，但这段时间微处理芯片还未广泛应用于中央处理器（CPU）。不过，英特尔公司毫不放松，一年后又开发出真正通用型的微处理器 8080，使英特尔成为 8 比特芯芯片市场的领导者。由于市场前景十分被看好，竞争对手很快也开始生产 8 比特微处理器。为了保持竞争优势，英特尔随后推出了速度更快、功能更多的 8085 型微处理器，并调集人员开始研制更先进的 32 比特 432 型微处理器。英特尔为了确保市场份额，抵御其他制造商的竞争，确立了"永不停顿、不断创新"的企业理念，在技术方面，不断加强科研开发，并努力拓展产品的适用范围，始终牢牢地把握产品更新换代的主动权。从 1985 年起，英特尔就同康柏（ComPaq）联合研制以 80386 微处理器为基础的新型计算机，并于 1987 年成功推出运算速度比 IBM 个人计算机快 3 倍的台式 386 计算机。1991 年，英特尔又与 IBM 公司达成一项为期 10 年的微处理器协议，研制能用一块芯片代替许多计算机芯片，并且容量更大、速度更快的处理器。

强强联手，联合开发，使英特尔不断领先于同行，始终占据着微处理器市场极大的市场份额，利润连年上升，但英特尔并不满足于现状，依然以极大的频率"自己淘汰自己"。1993 年 3 月，英特尔推出微处理器的第五代 CPU 产品——Pentium（奔腾），这是英特尔发布的工作主频最多的一种处理器系列，包括从最初的 60MHz、66MHz，到后来的 75MHz、90MHz、120MHz、133MHz、166MHz、200MHz，共有十几种之多。1997 年 1 月，人们迷恋于廉价的第五代 CPU——PentiumMMX，芯片内一级高速度缓存从 16KB 增加到 32KB，并且结构也进行了调整。1997 年 5 月，英特尔在 PentiumMMX 还在热销的时候又推出了第六代处理器的第二个成员 Pentium（Ⅱ），它代表了微处理器当时的最新技术，之后又有 233MHz、266MHz、300MHz、333MHz 四种主频产品。1999 年，英特尔已不再满足于全球最大电脑芯片供应商的角色，开始挺进网络市场，并推出新一代的 Pentium（Ⅲ）。英特尔公司让人们真切地感受到创新才能使企业获得永久的活力。

2. 公司文化的六项准则

英特尔在公司中确立了企业文化的六项准则，这六项准则是：客户服务、员工满意、遵守纪律、质量至上、尝试风险和结果导向。公司副总裁虞有澄指出，公司内部人人平等，高层管理人员和普通员工一样上班守时，不搞管理人员的特殊待遇，没有给高层人员保留停车位，没有管理人员的餐厅，每个员工都有平等的机会获得股权奖励。

贯彻公司文化必须要由高层人员带头，按虞有澄的话来说就是要训练出忠于公司文化的高层管理者和总经理。一些看起来不太重要的小事，如果高层管理人员不努力做好，就会影响到全体员工的执行。所以，公司的主要领导都倡导对事业执着进取的价值观。公司总裁巴雷特说，如果有什么关键因素指导我们推进企业发展的话，那么这个关键因素就是公司文化。20 世纪 80 年代世界上风靡"走动式"管理，这种管理模式强调企业家身先士卒体察下属、了解真情，又被称为"看得到的管理"，企业主管经常走动于生产第一线，与员工见面、交谈，希望员工能够认识他，对他提出意见，甚至与他争辩是非，这是一种现场的管理。作为跨国公司的总裁，每年巡视英特尔公司国内外的所有工厂已成为巴雷特的工作惯例，人们给了他一个称号，叫"环球飞行管理者"，他担任公司高层管理工作已经有 15 年，他的家在英特尔公司最大的制造基地菲尼克斯，而不是英特尔公司设在硅谷的总部。前总裁葛鲁夫说，巴雷特的累计飞行里程足以买下美国西部航空公司了。

巴雷特早期的工作是负责英特尔公司的质量保证计划，他像侦探一样执着、像研究生一样急切地寻找解决问题的途径。1986 年，公司高层领导诺伊斯、穆尔和葛鲁夫要巴雷特搞清楚日立、NEC 和东芝为什么有那么高的效率。尽管当时有很多美国人抱怨日本公司以低于成本的价格向美国倾销产品，但一个不可否认的事实是日本在芯片制造上的速度和质量是无与伦比的。实际上，此时的英特尔公司由于在竞争中惨遭打击，已从一度是该公司支柱产业的存储器制造领域全线撤退，解雇了将近 30% 的员工才使公司没有倒闭。在惨淡经营的那些日子里，巴雷特向购买芯片的大主顾们打听他们在日本供应商处参观时的见闻，还亲自到英特尔公司自己的日本合作伙伴那里进行调查，并且研究每一条有关竞争者如何设计和管理他们业务的公开或学术上的信息。回到公司后，他从头到尾地改革了英特尔的制造流程，并且设计了一种能够在所有下属工厂快速推广的新制造技术。

3. 推进制度和旧组织文化的革新

一种组织文化是一套积累的准则、信仰、仪式、活动、传统习惯。一个组织文化可被喻为一个有投入、中间过程和产出的池塘，投入就是从外面流入的活水，中间过程就是池塘中生物之间的共生关系，产出就是新形成的涌入其他系统的水流。组织有人员、思想、目标和技术等新鲜投入，中间过程和产出包括规则、角色关系、相互作用的方法、态度、价值观和信仰。当一个新的组织成员第一次接触到一种新文化时，他马上能感知的是这种文化和他熟悉的旧文化在各方面的差异。然而，在旧文化中习以为常的人们很难对所处的文化加以变革，如何将家长专制式的文化、官僚主义的文化改变为协作参与型的文化是企业文化变革的重要课题。加利福尼亚圣弗朗西斯科北部的硅谷因信息技术业的活跃而闻名遐迩。人们认为，对这里取得的成功而言，其流行的文化是比经济、技术因素更重要的关键因素。这种文化的主要内容如下：

包容失败——对待破产就像对待一场过去战争的创伤。

追求风险——把技术问题视为一个机会。

对公司再投资——在硅谷挣的钱绝大部分都用于那里的投资。

对变化充满热情——不能让自己过时，参与竞争。

论功行赏——年龄和经验无足轻重。

沉迷于产品的改进——对新思想和新产品的迷恋。

合作——职员是借来的；思想是共享的；偏爱是互换的。

多样化——硅谷有任何形态和规模的公司。

任何人都可参与——每个人都有挣大钱的平等机会。

英特尔在对旧的组织、制度文化实施变革的过程中强调了"冲破旧习惯""变低效为高效""以文化推进经济增长"的策略。芯片市场的销量竞争转向价格竞争，意味着英特尔公司将面临更严峻的挑战，公司决定将资本投入放慢，要利用自己的专长致力于提高已有的生产能力和效率。公司决策层认为，经过 10 年的稳步增长，在组织中既形成了创造性张力，也滋生了一些坏的习惯，组织变得臃肿而低效，所以公司必须冲破旧习惯、旧文化，开拓新的业务，变低效为高效。巴雷特在确定英特尔新的增长点这个问题上酝酿了一些想法，将把更多的注意力放在一些专用芯片上，这些芯片可以支持个人计算机处理数码照片和影像。同时，他还在努力使英特尔公司转向网络设备领域，尤其是小型企业使用的联网设备。他对英特尔介入电子商务也很热心，采取的方式是与 SAP 合作，提供互联网商务处理服务，以帮助各类企业更好地管理他们的供货、生产和销售等管理体系。

巴雷特认为，组织文化的成长是分阶段的，一般分诞生期、青春期和成熟期。要克服组织文化在每个阶段的危机，都需要一个文化的转型，这个文化转型可能来自内部机制的要求，即使是社会形态和工作固定在某一个阶段上，在组织从诞生到青春期再到成熟期的成长过程中，组织文化也会经历一系列变革。

在刚发展起来的年轻组织中，其文化可能是家长专制式的，也可能是协作参与型的。如果工作配置是个人化的，工作技术是手工操作的，组织设计是简单的、直线式的，整个组织很可能是创业者个人的一条长长的影子。反之，如果工作配置是独立自主的，工作技术是日新月异、动荡变化的，组织设计是矩阵式或有机的，组织的文化就可能是协作参与型的。当组织向青春期发展时，需要培养身份意识，增强控制，它的文化可能倾向于官僚主义。当组织迈向成熟时，对创新的需要可能重新出现，面对日新月异、动荡不定的技术环境，组织设计要变成有机的，工作配置要成为独立自主的，企业文化则要求变成协作参与型的。如果竞争较少而且技术稳定，组织设计可能会机械、保守，缺乏改革意识。目前，绝大多数欠发达国家中，文化上有家长专制的倾向，社会上官僚主义的结构独领风骚，而在发达国家中文化则极力向协作参与型过渡。由于具有前沿的科学技术，有效的个人需求层次和滞后的组织设计、工作配置及社会准则之间的不协调，会导致内部改革的张力，首席执行官的取向在发展一种合适文化的过程中起着关键作用，发展出来的这种文化应能和组织发展阶段、工作和员工的专业化程度以及主流的社会形态等相一致。当社会形态、组织设计、工作配置、首席执行官的取向以及人们的需求从传统向大规模生产和之后的阶段迈进的时候，组织的文化也必然要变革，但文化变革不是轻而易举的。组织在一段时间内会因蒙上一层"外壳"而不易改变，人们的观念也会因穿上"铠甲"而不愿改变，所以，组织文化的变革会经历"阵痛"。跨越了这个阶段之后，企业就会形成与新业务和新发展规划相适应的组织文化。巴雷特说，全世界目前有 2 亿台个人计算机，不久这个数字会上升到 10 亿，而且大多数机器都将会联网。我们要重新制定我们的战略，以新的组织文化推进产业的发展，明确这个产业将给我们带来什么样的商机。

三、分析、借鉴与点评

第一，企业决策层的创新意识、创新理念是企业成功的关键。摩尔定律的实质是树立企业的危机意识和竞争意识。尽管世界上有 85% 以上的个人电脑上装的都是英特尔的奔腾系列微处理器，但在英特尔每个人都仍有一种危机感，英特尔副总裁保罗·奥特里尼说："为了保持英特尔的领先地位，我们每天早上 6 点起来工作，晚上 6 点下班，有时晚上还要加班加点，一天至少要工作 12 个小时。"在英特尔公司，只能完成领班交给的任务的雇员是不会有大出息的，只有善于动脑筋、总结经验和具有创新精神的雇员才能在英特尔立足和晋升。要创新仅靠 8 小时是远远不够的，大家都是利用工作之余的时间看书和做试验，更新自己的知识，拿出准确的试验数据证明自己的新见解。各级管理部门鼓励每个人献计献策，负责企业公共关系的霍华德·梅伊说，如果微软、IBM 等跨国公司在消费者心中的形象比英特尔好，那么就要努力争取战胜竞争对手。激烈的竞争导致硅谷出现两个奇特的现象：①硅谷里单身特别多，人人都非常忙碌，无暇顾及家庭。②硅谷的"星期五电子商场"周末总是顾客盈门，公司的工程师和雇员几乎周末都到那里去，主要不是去采购家用电器产品，而是了解市场动态，如自己发明的哪些产品和专利已经应用，市场上出现了哪些新产品的新技术，在自己的科研领域中有没有新的机遇等。他们也会从那里买回一些自己做试验所需要的电子元件和最新的专业出版物。因为"星期五电子商场"的展品几乎一天一个样，能够最确切地反映科技成果商品化的最新进展。

第二，英特尔的公司文化除了上述 6 条准则外，还把求实精神和平等原则作为英特尔的科研准则。英特尔公司的创业者大多来自硅谷北端的斯坦福大学和伯克利加大学，他们在科研上的求实精神和学术上的平等原则影响着后来者。英特尔公司雇员同各级主管之间保持着经常性的交流，凡涉及重大问题的决策都实行"民主集中制"，先在基层征询意见，表决通过后坚决执行。总裁、副总裁出差一般不坐头等舱，中午同雇员在同一个餐厅就餐，甚至办公室的门从来不关，这样可以同雇员随时沟通，与他们打成一片，了解他们的愿望。充分调动员工的积极性和鼓励他们的创造性成为英特尔吸引公司外精英的主要因素之一。

思考题

（1）英特尔的摩尔定律对公司产生了什么影响，公司员工的危机意识和竞争意识是怎样形成的。

（2）英特尔公司文化的6条准则对公司成长起到了什么作用，英特尔的求实精神和平等原则对公司文化和科研风气产生了什么影响，为什么公司外的精英源源不断地被吸引到公司中来。

（3）我国的高科技企业和一切从事科研工作的机构应当从英特尔公司中学习些什么。

案例九
奔驰的品质制胜

一、创立企业文化的背景

戴姆勒—奔驰公司（以下简称"奔驰"）创建于1883年，是德国最大的汽车制造公司，素以生产"梅塞德斯—奔驰"汽车闻名于世，公司生产的汽车包含多个车种，共3700多个型号。产品从一般的小轿车到2150吨大型载重汽车，再到各种运输车、大轿车、多用途拖拉机、越野车等无所不及。其中"奔驰—600型"是世界上许多国家元首和知名人士首选的坐骑。在美国《财富》杂志1999年全球500家最大企业排行榜中，该公司名列第二，公司年营业收入达1546.15亿美元，利润为56.56亿美元，资产额为597.38亿美元。

二、奔驰公司品质制胜的企业文化

1. 奔驰的品质管理和品质文化

奔驰汽车虽然成名甚早，但在竞争十分激烈的世界市场上，名牌的桂冠并不是靠辈分得来的。即使是不懂商业的外行也知道，商品出名靠的是质量，名牌依赖的是"经久耐用"的质量，而不是靠天花乱坠的自吹自擂，奔驰这一名牌尤其如此。如果以销售量论，即使在德国，奔驰车也只能位列第四，在世界范围内也无法同日本的丰田、意大利的菲亚特和法国的标致等相匹敌。可为什么奔驰在世界名牌中能稳居第一，而丰田只能屈居第七，其他汽车公司根本进不了前几名呢？原因就在于奔驰车有着无可比拟的质量优势，因而成为公认的高档车和名誉地位的象征。即使在富裕的德国社会里，开一辆奔驰车也让人另眼相看。

奔驰的品质管理和品质文化从其购买者的身份中就可以略见一斑了。在汽车王国——美国，有钱人也喜欢购买奔驰车，甚至中东石油巨富、欧洲的王公贵族以及大大小小国家的总统、总理，都愿意选择奔驰车。这就足以说明，奔驰在人们心目中是一种等级、地位和权力的象征。奔驰车的质量看得见、摸得着。在德国，大部分出租车都是奔驰车。尽管它的售价很昂贵，出租车司机仍然愿意买它，这是因为，与其他牌子的汽车相比，一辆中档奔驰车可开到20万公里，换一个发动机后可再开20万公里，平均下来并不贵，而且奔驰车修理少，误工少。有人曾讲，奔驰车的确有独到之处，在高速公路上行驶，可称得上急似下山猛虎，缓似行云流水，超车时能迅速冲上去，匀速行驶时则显得轻柔、稳当、毫不费力，这种车尽管昂贵，却十分结实耐用，只要定时保养，平时几乎无须侍候，路上绝不"抛锚"捣乱。

正是因为有如此卓越的品质做后盾，戴姆勒莱—奔驰公司对自己的产品才十分有信心，"如果有人发现奔驰牌汽车发生故障被修理车拖走，我们将赠您1万美金"。这就是公司的广告用语。这句话成了奔驰公司走向世界的金字招牌，奔驰如何能够获得如此的高品质呢？这得归功于公司严格的管理制度。

（1）重视人才的素质，增强质量意识。在保证质量方面，奔驰十分重视，认为只有全体职工都重视质量，产品的质量才有保证。因此，公司强调企业精神，强调工人参与，努力营造一种增强质量意识的企业理念。其建成的拉斯塔轿车厂，不仅采用了先进的设备，在劳动组织上也有重大改革，把装配的流水作业改为小组作业。一个由12名工人组成的小组，负责某一部分的装配工作，小组通过集体讨论后，确定内部分工、协作、人力安排和质量检查等工作。这样就改变了工人总是重复单一劳动的现象，使工人成为多面手，提高了工人对劳动的兴趣和对整体的关心，从而有利于改进操作以及提高效率和质量。试行几年来，这种重视人力劳动、重视发挥集体作用的组织形式，得到了厂方和工人们的充分肯定。

高品质与人员的高素质是成正比的，因此，奔驰公司的决策者十分注意培训技工队伍，在国内就设有502个培训中心，被培训的人员主要包括两方面：①接受基本职业训练的年轻人；②培训有经验的工程技术人员、商业人员和技术骨干。为了招收到一支技术基础良好的青年工人队伍，奔驰公司把厂址选择在以工艺闻名的斯图加特的施白本地区。

新招工人时，公司会优先考虑本公司的工人子女，因为这些青年从小就受到家庭技术的熏陶。接受基本职业训练的年轻人经常保持在30人左右，他们大部分都具有三年制学校毕业文化程度，进厂后再进行为期两年的培训。在第一年的基本培训中，除每周一天的厂外文化学习外，其余时间都在厂内进行车、焊、测等基本理论和实践的训练，学员结业考试合格后，才能成为正式工人。不及格者可以申请一次重考，若还不能及格，便被认为不适合在该厂当工人，从而被辞退。培训这些青年人的大部分是来自本厂的有实践经验的工人师傅。

在奔驰汽车公司里，各车间只有简单的辅助工作完全由青年工人独立完成，其他技术性的工作都是新老结合，以老带新。奔驰公司的工程技术人员、商业人员共930多人，占职工总人数的27%，这是公司的骨干力量。对于这些人员的再培训，公司是不惜血本的。为了提高他们的领导水平和专业知识，公司采用举办专题讲座、派职工外出学习以及设立各种业余学校等形式多样的培训活动。平均每年有2万~3万人参加再培训。

另外，奔驰公司的企业文化还具体体现在企业员工的福利待遇、业余生活和文化生活等方面。公司在关心职工生活、调动职工积极性、增强质量意识方面也采取了多种措施。例如，公司的医务人员除了看病外，还负责研究职工生病的原因、车间和办公室的合理布置、如何减轻劳动强度、指导职工合理生活等。

近年来，职工病假逐年减少，工伤事故降低到了历史最低水平。公司还十分注意改善厂区环境，组织体育活动。职工家中有病人、小孩需照顾，可申请在4年内减少劳动时间，圣诞节给职工发双份工资。公司还为职工提供建筑住房的无息贷款，允许职工购买本公司股票等，所有这些都起到了调动职工积极性和增强质量意识的作用。据公司方面统计，2009年，14413名职工提出的28215项合理化建议被采纳，发放奖金1470万马克。

奔驰公司抓质量之前先抓人的素质。人的素质高了，公司又调动了职工的积极性，质量意识自然就强。公司产品的质量直接关系公司的效益，从而关系到每一个职工的切身利益。奔驰驰名世界，既是对公司质量的肯定，也是每个职工高素质的象征。

（2）精工细作，一丝不苟，严肃工作制度。奔驰车拥有超高的声誉，原因在于每个职工的工作态度都极为严肃认真，这也是奔驰车获得成功的真正"秘诀"。奔驰厂对产品的每一个部件的制造都一丝不苟，有时可以说到了吹毛求疵的地步。在评价一辆汽车时，人们首先注意的恐怕是它的外观、性能，而很少注意它的座位，但即使是对于这个极少惹人注意的部位，奔驰厂也极为认真。座位纺织面料使用的羊毛是专门从新西兰进口的，其粗细必须在 23~25 微米，细的用来织高档车的座位面料，柔软舒适；粗的用来织中低档车的座位面料，结实耐用。纺织时，根据各种面料的要求，还要掺入从中国进口的真丝和从印度进口的羊绒，制皮面座位时要先选好皮子。据说，奔驰曾到世界各地进行考察、选择，最终认为德国地区的公牛皮质量最好。确定了供应点之后，奔驰要求在饲养过程中保持良好的卫生状况，牛不能出现外伤和寄生虫，以保证牛皮不受伤害。一张 6 平方米的牛皮，奔驰厂只用一半，因为肚皮太薄，颈皮太皱，而脚皮又太窄。此后的制作、染色都有专门的技术人员负责，直到座椅制成，最后还要由一名工人用红外线照射器把皮椅上的皱纹熨平。看来，为了保持名牌，奔驰厂可以说是不惜工本。从制作座椅的这种认真精神可以推想到其对主要机件的加工该是如何精细了。

（3）把好质量关，严格检查制度。凡是参观过奔驰公司的人会留下一种印象，即车间里干净整洁，有条不紊，即使是一颗小小的螺丝钉，在组装到车上前，也要先经过检查。每个组装阶段都有检查，最后经专门技师检查签字，车辆才能开出生产线，许多笨重的劳动如焊接、安装发动机和挡风玻璃等都采用了机器人，从而保证了质量的统一。

为了保证产品的高贵品质，奔驰公司的检查制度是十分严格的。公司下属的辛德尔芬根分厂，日组装汽车 1600 辆。该厂搞生产的 3.4 万名职工中，有 1 半的人员是进行质量控制检验的。检查部件的人员有 1300 余名，他们负责检查与自身有协作关系的 2.6 万家厂商提供的零部件，如果厂外提供的零件一箱里有一个不合格的，就把这箱零件全部退回，该厂生产的引擎要经过 42 道关卡检验，连油漆箱有划痕都必须全部返工。

此外，每一个班组都有人员负责质量检查，最后还有人负责总检查。厂里有质量定期抽查制度，由董事会、车间代表和技术人员组成的检查小组，每隔14天对9个单位进行检查，遇到问题就地解决。在一辆奔驰汽车的制造工序中，有5%~10%的汽车零件是从别家公司购买的，其余的则是由自己的分公司按指定的设计、原材料、生产规格的详细范本制造。除了对产品本身质量的精益求精，奔驰公司还严格要求采购者以消费者家庭成员的身份，设身处地为顾客着想，各个采购部的经理要对其经营范围的商品品种、规格和质量全部负责。

不言而喻，奔驰公司对主要供货厂家相当了解，并要求他们按消费者的要求和市场动向提供高质量的原料及零部件，因此，经理们同采购人员及供货厂家的技术管理人员保持着密切的联系。不仅如此，奔驰公司为了检验新产品的质量和性能，除了有计算机控制的整套设备外，又建造了一个占地8.4公顷的试验场。公司每年都要拿出新车在试验场内做破坏性的实验测试。例如，公司每年不惜用100辆崭新的汽车以时速35英里的速度猛撞坚固的混凝土厚墙来检验前座的安全性能。为了进一步把好质量关，奔驰公司在美国、欧洲、加拿大、拉丁美洲、亚洲等地，设有专门的质量检测中心。质量检测中心内有大批的质检技术人员及高质量的设备，每年要抽检上万辆奔驰汽车，层层把关，严格检验。由于采取了多种措施，奔驰车在人们的心目中树立了高品质形象，赢得了全世界人们的青睐。因此，当奔驰车昂首阔步迈向"世界十大名牌"第三位时，别的汽车只有钦佩了。名门望族，当之无愧。

2. 奔驰的服务管理和服务文化

可以毫不夸张地说，奔驰的服务管理和服务文化是无与伦比的。"一切为了顾客"是奔驰的宗旨，奔驰自成立起就把顾客视为上帝，把顾客的要求一一满足；在坚决贯彻质量第一的前提下，建立了一系列的完善的服务措施。为了及时了解顾客的需求情况及意见建议，奔驰公司花大力气进行市场调查以获得第一手数据，从而使产品的质量精益求精，为顾客提供满意的服务。奔驰公司总部与分布在全球的分公司及常驻机构保持着经常的联系，互通信息，做到知己知彼。所谓"知己"，是指不仅要对自己的企业实力从实评估，而且要针对自己的企业得失不断改进，以增强竞争能力。所谓"知彼"，就是要对市场做周密的调查和研究，各分公司及时把各地的市场情况、需求意向、顾客变化以及竞争对手的策略反映到公司总部，为决策提供正确的依据，使总部了解到最新的汽车发展业务动态，及时研究，调整战略，根据市场的需求、顾客的要求安排生产。这样一来，顾客们便可以了解到奔驰公司总是在根据他们的需要生产新产品。

奔驰在做好市场信息调查的基础上处处为顾客着想，建立了售前、售后一条龙服务体系。推销服务是售前服务的中心环节。奔驰公司深深明白，日新月异的新款汽车要想为顾客所了解并让用户满意，必须靠一流的推销服务，只有这样才能保持经营业务的不断发展，因为生产、销售好的商品是件不容易的事，为好的商品做广告更是件不容易的事。要有坚定的自信心和责任感，如果销售不能有效进行，整个社会的活动将是不完美的。同时，奔驰建立了一支杰出的推销队伍。公司通过培训不断提高推销人员的内在素质，培养他们的敬业精神。奔驰公司的推销员总是随身携带着商品广告、汽车说明书和一个小笔记本。广告、说明书随时随地帮助顾客认识、了解奔驰。在小笔记本上，推销员要记录经济、生活发展方面的信息资料，各类顾客的人数、需要以及市场的预测等。推销员对顾客要既诚恳又耐心，把交易的对象看成自己的亲人。奔驰公司热情地满足顾客的各种要求，奔驰公司的产品包括货车、重型车、多用途拖拉机、小轿车（32个型号）等140多个品种，多样性的产品能满足不同层次的顾客需求。在奔驰汽车的推销处，人们可以看到各种汽车的图样，了解它们的性能和特点。

订购时，公司还能满足千差万别的顾客提出的特殊性要求。如汽车的色彩、规格、空调设备、安装的音响设备乃至于保险式车门的钥匙款式等。在生产车间内，未成型的汽车都挂有一块牌子，上面写着顾客的姓名和车辆的型号、式样、色彩、规格及特殊要求……

在生产过程中，这些要求由电子计算机生产流水线发出指令，以便使成品令顾客满意，当来取货的顾客驱车离开时，奔驰还免费赠送一辆可作小孩子玩具的奔驰汽车模型，使车主们的后代能对奔驰留下深刻印象，争取使其每一代都成为奔驰车的客户，这可谓是放眼未来了。

奔驰公司的职工认为，售前的承诺、奉承不如售后无处不有的完善的服务。

优质高效的售后服务可以使奔驰车主没有后顾之忧。奔驰公司对完善和扩大服务网点极为重视。目前，奔驰公司在全世界有近 5000 个销售和维修点。奔驰公司在国内雇用了 5.6 万人从事保养和修理工作，在公路上平均不到 25 公里就可以找到一家奔驰汽车服务站。国内外搞服务工作的人数与原联邦德国各生产车间工作人数大体相等。再好的车行驶一定里程后也需要维修和保养，这是很浅显的道理。为此，奔驰公司服务站提供众多的服务项目，从零件急送到以电子计算机进行运输咨询服务等，面面俱到。而且，奔驰的维修人员技术熟练，修车迅速，态度诚恳，热情周到。奔驰车的售后服务和奔驰车一样品质卓越，享誉世界。

奔驰车一般行使 1.5 万公里需检修一次，这些服务项目的工作人员都能当天完成检修。换机油时，如果发现某个零件有损耗，维修站还会打电话询问车主是否更换。如果车辆在途中发生意外故障，开车的人只要就近向维修站打个电话，维修站就会派人来修理或把车辆拉走去修理。奔驰公司特别重视"无故障性"，它认为发现故障就是公司的责任。当奔驰车出现故障时，即使是因车主操纵不慎而导致的故障，奔驰公司的人员也会热情地为其服务。例如，一个法国农场主驾驶一辆奔驰货车从农场出发到原民主德国去，当车开到法国的一个荒村时，货车的发动机突然出现了故障。没有办法，他只能用车里的小型发报机直接联络远在原联邦德国的奔驰汽车总部。仅仅几个小时之后，奔驰汽车修理厂的检修工人就在厂内工程师的带领下赶来了，他们以最快的速度将货车修好，并一再赔礼道歉。奔驰公司非但没有收取这个农场主的修理费，后来还为他免费换了一辆崭新的货车。公司负责人说："出现这种情况是我们的质量检验没有做好，我们应当为您提供无偿服务。"这使车主深为感动。因为有这样良好的服务，所以奔驰永远受到全世界人们的喜爱，成为永久的"名牌"。

3. 奔驰的技术创新和管理创新

奔驰公司的成功与其技术创新，特别是与大胆而科学地进行管理创新、质量意识创新是分不开的。创新使"奔驰"领导汽车业发展的潮流，为顾客提供走在时代前列的创新产品，正是奔驰公司处处领先，才保证了其永远的辉煌。奔驰公司的口号是，"以创新求发展，不断推陈出新"。早在 1879 年，奔驰便研究成功了"火花塞点火"原理，到现在世界上的每一辆汽车都仍在采用；1932年，生产了"约尔堡柳"八缸6座汽车；1936年，研制出布尔柴油发动轿车，直到梅塞德斯400型、600型高级轿车相继投放市场；1938年，开始成批生产著名的"2硼"型柴油发动机小轿车；之后，又生产出当时时速最快的"50x"型小轿车。1938年生产的使用压缩发动机的8个汽缸的"大梅赛德斯"，被视为现已退役的"梅赛德斯600"型的先行者。此时，这种豪华轿车已在早期的"摩托马车"的基础上向前大大地跨出了几步，它的身上留下了现代最新科技成果的痕迹。

梅赛德斯汽车显赫的声誉不仅基于它的可靠性，它在赛车比赛中显示出的速度也令人刮目相看。巴黎的《小日报》举办了首次"无马车辆"比赛。巴黎和里昂之间的公路上，驶向终点的四辆车子有一个共同点——都安装戴姆勒发动机。1914年，梅赛德斯赛车在法国大奖赛中获胜。到1939年为止，它的赛车在比赛中76次获胜，17次打破世界纪录。梅赛德斯赛车由于速度快，体型灵巧，被称为"银剑"。1953年，第一个具有根本意义的新产品——杠型底盘上的承载式焊接结构的汽车进入市场，它使衡量汽车制造的标准朝着既美观、又安全的方向迈出了第一步。1973年，"梅赛德斯450SEL6.9"以其尖端的技术，被世界汽车制造业选为"本年最佳汽车"。1984年初奔驰又研制出一种小型车，这种车体积小、重量轻、能耗少，深受顾客欢迎。此后，奔驰公司又向市场推出了梅赛德斯400型、600型高级轿车。近几年，奔驰公司又生产了一系列豪华舒适、气派的高级轿车。

能源问题是当今世界经济面临的最大问题，目前有很多汽车厂家投入大量的人力物力实施新能源战略。谁能抓住这一点，谁就能在竞争中取胜。能源危机使节省能耗成为一场革命，因此，世界各国都把降低能耗作为汽车生产的一项主要指标。奔驰公司也不例外。1990年，它们针对过去的汽车能耗大、用料多等问题，不失时机地开发出降低能耗、节省能源和原料的新S级奔驰汽车，对原来的S级奔驰车进行全面更新，并于1991年开始在欧洲上市。这种汽车的零件是塑胶的，可以循环使用，这在当今钢铁等原料紧张的情况下，大大降低了成本。新S级汽车采用高效电脑控制，各个电子网络相互沟通，协调一致；车上的电脑记忆装置还可调节舒适度，使车座、方向盘、反射镜处于最佳状态。因此，新S级汽车又被称为数据汽车。它的推出的另一重要原因是奔驰公司同欧美、日本等国的汽车公司争夺豪华轿车市场，并争取保持其领先地位。事实上，由于新 S 级汽车的上市，奔驰公司从外国对手手中收复了许多失地，保住了"奔驰"在豪华车市场的霸主地位。

　　"600SEL"高级轿车是新 S 级汽车的"旗帜"，车身光洁度高，制造工艺更加精密，门框和门窗玻璃与车身完全贴平，在日本市场售价高达 2130 万日元，折合德国货币达 18 万马克。"600SEL"高级轿车以其优质华贵博得世界声誉，成为各国政府部门首脑的必备座驾。1992 年初在法兰克福车展上，奔驰汽车公司研制的 C112 赛车成为最受青睐的汽车。它是由 C12 豪华车装上当时汽车科技中最尖端的技术制成的，有一个可依据行车速度、路面情况、风向、风速等因素而作出调节的自动空气动力调节系统，这项创举令世人惊叹不已。奔驰汽车公司从 20 世纪 50 年代初开始对安全系统进行改造，研制出世界上第一个安全车身，即杠型底盘承载式焊接结构。为使载客的内舱在发生交通事故时不会被挤坏，承受冲撞力的是发动机箱和行李箱这两个"缓冲区"。为了不让方向盘挤伤驾驶员，转向柱是套管式的，可以聚拢到一起。20 世纪 60 年代，奔驰汽车公司又研制出了用电子控制轮胎的刹车系统。使用该系统后，紧急刹车时不管地面情况如何，车身停住时都能保持平衡，不会失去控制滑向一边。

　　增强汽车的安全性能是汽车业追求的重要目标。随着汽车的日益增多，交通事故日益频繁，恶性交通事故对人身的威胁越来越引起人们的重视。因此，如何制造更为安全可靠的汽车，是各大汽车公司研究的重要课题。1992 年奔驰公司投入 31 亿马克的科研资金，重点研究环保和安全，1992 年，奔驰公司率先开始在方向盘上安装安全气垫以保护司机安全，1993 年所有奔驰车都安装了这种气垫。这个安装在方向盘中心的气垫，能在车祸发生后 26/1000 秒的时间里完全撑开，将司机的身体同方向盘隔开，从而大大减少司机受伤的可能。根据用户要求，司机旁边的座位也可安装安全气垫。据公司方面说，同以前的产品相比，目前的小轿车已使在交通事故中受伤的人数减少了 50%，其中 30% 是由于增加了安全带，20% 是基于其他方面的改进。在小轿车已经发展到如此舒适快速的今天，谁能制造出最为安全的汽车，保护人的生命，谁就能占领市场，这是目前汽车业的一个重要趋势。由于上述安全措施的创新，奔驰车大大提高了自己的身价和竞争力。从 20 世纪 70 年代末开始，奔驰用了 7 年时间研制出在当时堪称最先进的"390 型"小轿车。经过改造，其耗油量能比一般车节省 12%~20%，喷嘴在低温下不会结冰，不过此项研究中仅后车轴一项的研制就耗费了 10 亿马克。由于新车技术先进，1982 年投放市场 4000 辆，而第二年的订货量就猛增到 11 万辆。1993 年，奔驰公司又推出替代 190 型的技术更为先进的 C 级家用车。奔驰公司在 20 世纪 80 年代领先采用前低后高、以弧形曲线为主的车型，90 年代开始独家采用可以缩小汽车容积，但同时又增加了马力的四油门汽缸技术，这些都使奔驰车在竞争中立于不败之地。为了应付以后的石油危机，奔驰公司除了开发节能型汽车外，已经在着力研究汽车代用能源了。该公司的一名高级主管这样说，"没有任何企业像我们这样研究利用一切可能的代用能源，如乙烷、甲烷、电力发动或混合燃料发动装置"。1994 年 4 月 13 日，奔驰公司推出以新能源酒精发动引擎的汽车，让各界人士大开眼界。坐在这种车子中的感觉与坐在普通的车子上没有什么不同，但其实这种汽车的发动能源是氢气。公司科研人员经过精心研究，发明了独特的燃料箱，氢气与氧气分别通过电解薄晶片，当氢气离子与氧气离子结合生成水时，它们之间的化合作用就产生了能源。氢气成为有效的能源，一直是科学家追逐的理想，不仅是因为氢气很容易取得，而且是由于氢气在燃烧之后不会产生污染环境的其他气体。奔驰公司科研人员发明的燃料箱，能消解氢气在与氧气化合时所产生的热度，把其中所产生的电能储存起来，成为足够推动引擎的动力。

目前，这种车子的最高时速可达每小时 95 公里，一个氢气筒可行驶约 120 公里。但奔驰公司的科研人员已经研制出从甲醇中分解出氢气的"转换器"，而目前的加油站要设立甲醇供应器是很简单的，所以就可以不必在车上安装大氢气筒，而引擎和燃料箱要缩小到和目前汽车引擎的体积一样是毫无问题的。奔驰公司相信，这种汽车将在 10 年内替代目前传统的汽油发动汽车，成为奔驰公司 21 世纪的财源。不断进行科学研究并寻求突破是奔驰工作人员的一种理念，使他们倍感骄傲的是，他们研制出了能自动行驶的汽车，这一成果在世界上是十分先进的。这种车子的车头装有如同人眼的镜头，远镜头把远处的路面情况拍下来，近镜头注意附近的动静。所有这些资料都输入汽车上的一台电脑，电脑再指挥汽车做出反应。

环境保护是目前汽车工业至高无上的信条，许多城市正在修建市内的街道，故意把路修得既窄小，又弯曲不平，借以表示不欢迎汽车进城。因此，生产出不污染空气或少污染空气的汽车，已是汽车工业的当务之急，奔驰公司在环保方面也保持了名牌的领先地位。奔驰在 20 世纪 80 年代初就批量生产了使用无铅汽油的汽车，在无铅汽油方面起到推动作用，继而它又推广废气过滤装置，进一步减少有害气体的排放。此外，公司在政府的支持下，除甲醇汽车外，还进行电动汽车、煤气汽车（比汽油污染小）、菜籽油汽车的研究和长期实验，以寻找石油的合理代替品。公司 1992 年投资 15 亿马克，把喷漆车间原来使用的化学溶剂改为用水当溶剂。据说在工艺上这是相当困难的，但能大大减少环境的污染。另外，为了减少污染，奔驰公司还积极地进行废旧汽车回收，据统计，一辆小汽车的构成材料中有 67% 是钢铁，10% 是塑料，5% 是铝，3% 是其他有色金属，其余是橡胶、玻璃等。奔驰公司已经建立旧汽车回收网，开展拆车业务，分别处理其中的油类、塑料及金属。公司还同一家钢铁公司共同研制了一种炼旧汽车废钢铁的新方法。注重科学研究，不断地用先进的科技武装自己的产品，推陈出新，而且总是领先世界潮流，这就是奔驰汽车公司青春常驻、永远辉煌的秘诀。

4. 奔驰的跨文化融合

企业并购扩张实际上包括软、硬两方面。"硬件"是资产重组，"软件"为企业文化的融合。要充分认识到软件的重要作用，"软硬兼施"，方能达到扩张的目的。

1998 年 5 月 7 日，德国汽车业老大戴姆勒—奔驰公司和美国汽车业老三克莱斯勒公司在斯图加特宣布组成新的越洋公司，即戴姆勒—克莱斯勒股份有限公司，这项并购行为涉及市场资本 920 亿美元，从而成为有史以来规模最大的业内企业合并。合并的方式是交换股份，奔驰公司的股东将持有新公司 57% 的股份，克莱斯勒公司的股东将持有 43% 的股份。新公司将成为拥有 41 万名职工、年营业额达 1300 亿美元的巨型公司。戴姆勒—克莱斯勒的诞生无疑将改变世界汽车工业的不均衡状况。合并前，戴姆勒—奔驰公司和克莱斯勒公司在大约 20 家世界级汽车企业内均属中等规模。但是一经合并，戴姆勒—克莱斯勒公司的规模立即可以直逼业内各大公司。以市场资本排序，戴姆勒—克莱斯勒名列第二，仅排在丰田之后；以销售额排序，戴姆勒—克莱斯勒名列第三，仅次于通用和福特；以销售量排序，戴姆勒—克莱斯勒年产量为 350 万辆，列第五位，排在通用（880 万辆）、福特（770 万辆）、丰田（480 万辆）、大众（430 万辆）之后。

戴姆勒—奔驰和克莱斯勒联手合并带来的直接收益是节省大笔开支。由于两大公司今后将联合采购，共同分担研究任务，产品部件和技术在公司内互换等原因，据估计，戴姆勒—克莱斯勒公司 1999 年可节省 14 亿美元的开支。在市场分销上，克莱斯勒的销售额中，美国和加拿大市场约占 93%，北美以外的市场仅占大约 7%。尽管克莱斯勒在美国 3 大汽车公司中保持最高的利润，但北美市场一旦不景气，公司的前程将会受到严重影响。所以，寻求海外市场是克莱斯勒未来发展的关键所在。而戴姆勒—奔驰一直试图大规模打入北美市场。目前，该公司北美市场销售额只占公司销售总额的 21%。两强联手，将为各自产品进入对方市场提供最快捷的分销渠道。而克莱斯勒从此将走出北美地区。从产品线看，两家公司分别以各自的优势覆盖两端：奔驰以高级轿车驰名，而克莱斯勒则生产大众车、面包车和各种类型的吉普车，并保持高额利润。1997 年，克莱斯勒销售每辆车所得利润为 1468 美元，而福特为 1000 美元，通用为 683 美元，均在克莱斯勒之下。奔驰的强项在高档车上，其中销售一辆 C 型车所得的利润为 1561 美元，E 型车的利润更是比 C 型车还高出 2 倍。这样，新公司几乎不用增加任何投资就可以在汽车产品上全线出击。而克莱斯勒的弱项家庭轿车也将由于和奔驰结盟而彻底改观，生产举世无双的奔驰轿车。世界汽车业预测，奔驰和克莱斯勒的联合将使公司利润在 18 个月内提高 15%~20%。

在群雄逐鹿的世界汽车市场上，奔驰和克莱斯勒的重量级合并引发了一阵业内重组风暴，而且愈演愈烈。奔驰和克莱斯勒合并案具有以下特点：①这次合并既没有像以往企业兼并潮中出现的那种以强欺弱的恶意吞并，也没有因合并对象经营不善而出现的投降合并，更多的是两相情愿的强强联合。②这次合并不再是简单地为了扩大生产规模，更多的是旨在实施优势互补和巩固主导地位。③这次合并金额巨大，成为有史以来最大规模的业内企业合并。

这么大规模的合并，其融合、整合工作量也大得惊人。①奔驰和克莱斯勒的经营运作融合。奔驰以生产小轿车著称，特别是以高档小轿车闻名于世。其产品在欧洲占有较大市场份额，但在北美市场一直销路不畅。克莱斯勒擅长于生产越野吉普车和小型卡车，绝大部分产品在北美销售，在欧洲市场上很少能看到克莱斯勒的产品。现在两强携手，今后联合采购、共同分担研究开发任务，部分产品和技术可以互换使用，不但节省大笔开支，而且可为各自产品进入对方市场提供捷径。②人力资源和组织结构的融合。这么大一份新合并起来的家业由谁掌管这一问题备受瞩目。原先的奔驰擅长于生产高级小轿车，而克莱斯勒的优势在于生产大中型车，两者的互补性极强，专业化程度较高，而且两家公司的管理都较为先进和科学。所以，根据协议，合并后的公司选定原来的奔驰董事长——58岁的施莱普和克莱斯勒董事长——52岁的伊顿继续留任，共同执掌3年，保留在各自国家原先的公司总部，这有利于合并后的相对独立的管理。3年以后，将由奔驰公司的施莱普独掌大权，董事会则由两家公司的原班人马共同组成。施莱普保证他和伊顿在所有的重大决策上保持一致。而新公司的总部设立在德国斯图加特，统一管理新公司的整体性事务。③企业文化的融合。奔驰和克莱斯勒都有其源远流长的企业文化，而且企业文化在各自的企业中发挥着巨大的作用，奔驰公司的董事长施莱普强调个性和新奇的事物，注重员工创造性思维的培养。这种企业文化强烈地表现在其产品上，每款奔驰新车都让人啧啧称奇，造型总是那么独特，颜色总是那么新奇，强烈地流溢出崇尚个性、超凡脱俗的卓越气质。奔驰文化的精髓就在于个性的张扬，这似乎与德国人踏实稳重、一丝不苟、务实少变的民族品质相差甚远，但就是这种企业文化造就了奔驰这个德国汽车业巨子。

克莱斯勒公司的董事长伊顿强调团队精神。伊顿认为世界汽车正迅速进入一个更加残酷、更加注重规模的竞争时代。20世纪60年代，全球共有独立的汽车制造商52家，目前已减少到19家，在今后10年的竞争中，其中一半将被淘汰出局，能够生存下来的大约只有10家。随着经济全球化进程加快，世界汽车业正向无国界大市场迈进，汽车厂家也由独立走向合并、联合。在这些超级汽车

"航母"的运作中，最重要的就是集体合作精神，亦即团队精神。伊顿着力灌输的团队精神正是克莱斯勒的企业文化的重要内容。注重团队精神的克莱斯勒在与美国另外两强通用汽车和福特汽车的角逐中，虽然销量不及它们，但总能保持单车利润最高的地位。奔驰公司和克莱斯勒公司双方都表示，对对方的文化特性都已经有所了解，但是否能避免文化冲突和其所致的企业运作的不协调，心里还没有底，彼此企业文化的融合以及新企业文化的基调如何确定都有待时日。双方试图把此项并购可能对企业文化造成的负面影响减少到最低程度。作为企业文化浓缩物的企业品牌，新公司成立后将全部予以保留，毕竟品牌是企业长期苦心经营的成果，也是企业赖以生存的命根子。

新公司成立后的文化融合工作还在紧锣密鼓进行当中，合并的效果已能依稀可见。

（1）德国最大的工业集团戴姆勒—奔驰公司与美国第二大汽车公司克莱斯勒公司的联姻可算是近年来汽车工业的最佳"婚事"，双方均从中获益匪浅。戴姆勒—克莱斯勒公司双方的联合并不是一方吃掉另一方，而是双方在完全自愿基础上的联合，两公司联合后，虽然在美国、德国保留着各自的总部，但是内部的质量管理、组织管理却有条不紊，为了交流方便，德国总部语言改为英语，这样有利于德美两国公司之间的沟通，有助于两公司的真正融合，更有助于逐步建立共同的企业文化。公司发给外国记者的新闻资料也全部改为英文，这样就更利于该公司的文化传递和信息传递。

（2）戴姆勒—克莱斯勒公司的前身奔驰公司的广告词"如果有人发现奔驰汽车发生故障，被修理车拖走，我们将赠送您一万美元"，被许多传媒传颂和引用。但并不是所有的公司都敢于做这样的广告，没有过硬的质量，是不会有这样的气魄的。这证明它们的质量管理和质量文化是无与伦比的，令其他汽车公司望尘莫及。

（3）奔驰公司和克莱斯勒公司的合并对中国企业也有一定的启示。由于历史原因，中国国有企业大多都存在"大而全"和"小而全"，资源重复、浪费惊人，购并后都存在整合问题。根据国外成功企业的经验，有以下几个方面要注意：

第一，业务整合重主业。产业整合原则的核心是主导产业，实施产业整合要做到"三不"：①不熟不做。熟悉行业，是搞好生产经营的前提和基础。对于那些购并运作成功的企业，从产业角度来看，各关联企业的业务在技术、生产或市场等方面都与主业相关，各业务之间具有优势互补和战略协同性。目标企业与购并企业经营业务关联度越强，重组后成功的可能性就越大。不是自己的主业，优惠条件再多、有利条件再多、别人赚钱再多也不进入，以防"赚钱示范效应"的误导。②不强不做。强者才能生存。美国通用电气公司总裁韦尔奇曾对属下说："如果哪个公司在市场上不能取得头三名，我就会卖掉它。"世界上有许多企业出售的业务并不一定不好，该业务赢利能力可能很强，也可能是新兴行业，但如果企业认为自己不能比别人做得更好，或者不能做到领先水平，就会很快把它转让出去，让更懂行的人去经营。③不新不做。创新是企业总体素质的反映，也是企业生命力的体现，德国著名的巴斯夫（BASF）公司，100多年来始终奉行"新产品是我们的未来"，注重消费时尚变化并及时开发新产品，不断满足消费者日益增长的需求，不断超越自己，推动品牌不断发展，今天已发展成销售额超50多亿马克、在33个国家建有几个工厂的跨国公司。

第二，管理组合需嫁接。搞好购并后企业的管理组合，是巩固和发展购并成果的重要手段。最终能为企业带来效益的，是购并企业先进管理模式与目标企业内部管理制度的有机融合，购并企业的管理优势要在目标企业生根、开花、结果。企业作为有生命的机体，呈现出生命周期，即有经济景气时期和经济萎缩时期。对应企业的不同生命周期，采取不同的管理方式，才能取得良好的效果。输出先进的管理理念、管理方式，一定要从目标企业的实际出发。

（4）企业购并后，是否能迅速一体化和实现效益在根本上取决于它们的文化能否真正融为一体。从世界诸多企业的经验看来，做好目标企业的文化融合工作，需要抓住以下几个环节：

第一，深入调查。购并企业要对目标企业的文化状况进行深入调查，摸清目标企业的企业文化存在的问题，制定融汇目标企业的企业文化的对策。

第二，确立理念。端正经营思想，增强竞争观念、质量效益观念、营销服务观念。企业理念对职工有极强的感召力，职工觉得自己正置身于一个崇高理念时，就会更深刻地理解自己努力的价值；当职工懂得自己正在参与一项为之骄傲的事业时，就会焕发出献身的热情。

第三，树立形象。企业形象是社会公众和企业员工对企业整体印象的综合评价。它既是企业精神风貌的展示，又是企业竞争力的综合反映；既是企业走向市场的通行证，也是企业重要的无形资产。"信誉高于一切"，企业应着力树立名牌形象、优质服务形象、优良秩序形象和优美环境形象。

第四，培育美德。具有时代精神和传统美德的员工队伍是企业文化的物质载体。购并中环境合拍不能忘，在中国，购并企业常常忘记了环境合拍。大量事实说明，购并企业能够同当地的社会环境合拍，妥善处理多方关系，目标企业的整合就会进展顺利，并取得良好的效果。

同当地的社会环境合拍，主要是处理好几方面的关系：①同政府和社区保持良好关系。在现行体制和利益格局下，政府主要考虑的是税收的增减和职工的安置等问题。目标企业被购并后，一方面，非但要使上缴地方的税收不减少，反而要有所增加；另一方面，要尽量避免将职工过多地推向社会，以维护社会稳定。如果这两项工作做好了，必然会得到政府的赞赏。②取得执法部门的信任。企业被购并后，要继续遵纪守法，照章纳税，依法经营。同时，要与这些部门加强联系，保持信息通畅，增进相互了解，避免出现关系不协调的现象。

☞ **思考题**

（1）为什么其他汽车公司根本进不了前几名，在这里奔驰汽车的质量说明了什么。

（2）奔驰为什么能成为公认的高档车和名誉地位的象征，为什么即使在富裕的德国社会里，开一辆奔驰车也叫人另眼相看。

（3）为什么说看奔驰的品质管理和品质文化，只要看一下它的购买者是哪些人就可以略见一斑了。

（4）你从奔驰的服务管理和服务文化中得到什么启发；为什么说奔驰的服务管理和服务文化是无与伦比的；奔驰的宗旨是什么；奔驰自成立之日起，把什么作为企业文化的精髓；奔驰是如何实施技术创新和管理创新的。

企业文化实施篇

耐克的个性化营销

一、创立企业文化的背景

耐克公司创建于 20 世纪 60 年代，当时公司的首席执行官菲尔·奈特断定高档优质跑鞋定会有销路，于是发动了一场制鞋业的革命。到 20 世纪 80 年代，他又把红红火火的运动鞋公司变成了一部营销机器。自 1986 以来，该公司的股票收益率平均每年增长 47%，在 1986~1996 年，《财富》杂志排出的全美 1000 家公司中，该公司排在前 10 名之内。目前，该公司变成了一部体育运动机器，主办高尔夫球锦标赛之类的赛事，同时还销售运动器械和服装。

二、耐克文化的个性

1. 把公司文化个性化

"体育、表演、洒脱自由的运动员精神"是耐克追求的个性化的文化。这个具有鲜明特征的公司文化一反传统观念中的企业形象，是由公司创始人菲尔·奈特创立的。

耐克公司初创时为蓝带体育用品公司，它是以奈特在斯坦弗商学院上学时写的一篇论文为基础创建的。作为公司的创始人，奈特把永不停息的个人奋斗和商业伦理贯穿于企业运营的始终。在奈特被选入俄勒冈州大学田径队，成为专业中长跑队员后，他对体育用品的激情被磨掉了。后来他曾在波兰普华永道（Price Waterhouse）当了 5 年会计师，他的商业意识也就是在那时培养起来。俄勒冈传奇人特式的田径教练彼尔·鲍尔曼，总是给他的明星运动员定做跑鞋。他告诉奈特，一个田径队是由一些个体队员组成的，每个人必须永不停息地拼命提高他（她）的成绩，径赛运动员的信条是："没有端点"。而 Price Waterhouse 给奈特的启示是"商业行为有最基本的原则"。耐克的历史是以上两个信条不断对话的过程，是运动员的个人奋斗精神与商业约束相协调的过程。奈特与鲍尔曼开始共同创办蓝带，并于 1972 年更名为耐克，从那以后，它开始设计带本公司商标的鞋，并在亚洲生产。

永不停息是耐克的公司文化。当时，在美国运动鞋市场占据统治地位的是阿迪达斯、彪马和 Tiger。20 世纪 70 年代初期，慢跑热逐渐兴起，数百万人开始穿运动鞋，因为运动鞋不仅穿着舒适，而且还是健康和年轻的象征——这就是大多数人向往的形象，运动鞋随即流行起来，但以阿迪达斯为首的"铁三角"却没有掌握这一发展趋势，耐克却"跑步"跟上了这种趋势。1974 年，鲍尔曼教练在烤华夫饼干的铁模中摆弄出一种脲烷橡胶并将其制成一种新型鞋底。这种鞋底是"华夫饼干"式的，鞋底的小橡胶圆钉使它比市场流行的其他鞋底的弹性更强，这项看上去很简单的产品革新推动了奈特的事业，产品迅速打开市场，耐克1976 年的销售额从上一年的 830 万美元猛增到 1400 万美元。耐克像野火一样发展起来，公司为开发新样式跑鞋而花费巨资，到 20 世纪 70 年代末，耐克公司有将近 100 名研究人员，其中许多人有生物学、化学、实验生物学、工程技术学、工业设计学和多种相关领域的学位。雄厚的研究力量开发出 140 余种不同式样的产品，其中不少产品是市场最新颖和工艺最先进的。这些产品是根据不同脚型、体重、跳速、训练计划、性别和不同技术水平设计的。这些风格各异、价格不同和用途多样的产品，吸引了成千上万的跑步者，使他们感到耐克是产品品种最齐全的跑鞋制造商，数百万各式各样、各种能力的跑步者都有了这种观念，这在一个正在发展的行业里是个非常吸引人的形象。

靠着永不停息的企业理念，到了 1979 年，耐克通过策划新产品的上市及其强劲推销，实现了 33% 的市场占有率，终于挤进原来由阿迪达斯、彪马和 Tiger 所组成的"铁三角"，成为销售明星。到了 1981 年，其市场份额甚至达到 50%，遥遥领先于阿迪达斯，而奈特本人也跑步进入了《福布斯》杂志令人垂涎的美国富有的 400 人之列。耐克是富有冒险精神的开拓型公司，公司已经培育出一种精心设计的文化，耐克公司一位老资格的经理曾回忆："那就像是在一个充满手足情义的环境中工作。同事们在一起痛快地喝酒，滔滔不绝地谈论体育，并自诩为活跃且反传统的人物。"每 6 个月，奈特的管理队伍就要聚会讨论策略。这个大吵大闹的聚会以"针锋相对"著称。奈特总是鼓励对抗，甚至是怂恿对抗，而且他和其他人一样，接受别人的大声指责。耐克企业的所在地——青翠的俄勒冈州就像校园一样，有森林、慢跑小径、湖泊、足球场。奈特希望创造出一个祥和的工作环境，他认为世界已经够混乱的了，工作时间应像在家一样自由。

耐克鲜明的企业文化吸引了大批年轻人，40% 的耐克员工不到 30 岁，他们中午会在"校园"里的运动休闲中心运动两小时，然后一直工作到晚上，他们对公司都非常忠诚，虽然，耐克公司的管理并不严谨，但是"必须打败阿迪达斯"的强烈信念把整个队伍团结在一起。公司的营销人员说："我们本能地就能判断出，什么事是耐克公司要做的，什么事是耐克公司不做的。"由于阿迪达斯属于正统派，耐克非常重视并认可那些对正统派深恶痛绝的运动员，如史蒂夫·普雷方汀——田径世界里的詹姆·迪安，对业余运动员联合会嗤之以鼻；"爱闹别扭"的伊蕾·纳斯塔斯则是网球界的一位令人毛骨悚然的人物。这些反传统的运动员经耐克资助后，使耐克公司树立起挑战正统、进取活力的形象。奈特对自己创办的公司一往情深，就像对自己的孩子一样充满感情，对公司的事务，只要他认为需要，必然会亲自处理。奈特大部分时间都待在办公室隔壁的小屋里。小屋的地板上放着脏衣服，旁边是成堆的东西和文件，几乎没有其他人进出他的屋子，奈特发牢骚说："一旦让人们进出你的屋子，他们便会整天地进进出出，而我需要

的是思考问题。"耐克凭着自己的企业精神最终在美国市场打败了阿迪达斯，但
当锐步作为主要竞争对手于 20 世纪 80 年代初冒出来之后，耐克公司以生产男士
体育用品为重点的文化显得有些鼠目寸光。耐克公司未能预见软皮 areobic 鞋的
重要性，这类鞋深受女士青睐。1986 年，锐步公司超过耐克公司，成为行业的
带头人。奈特从中得到启发，他制定了管理细则，以此支持维护商标信誉的中心
工作。除此之外，奈特还对公司内部进行了新的改造。他把一个大的鞋类部门分
成几个较小的部门，每个小部门分管一种体育项目的运动鞋，这样就加快了产品
开发的进程，他通过建立一个生产、销售、广告宣传相连的体系把公司组成一个
整体。结果公司群策群力开发各种鞋型，并以广告宣传为手段，给耐克鞋塑造了
一个强大的、具有轰动效应的形象。

2. 营销战略创新的动力来自文化理念的创新

塑造企业和产品完美并充满活力的形象是公司的战略目标。奈特认为，青少
年的模仿能力极强，对品牌也极为敏感，校园里的明星人物的穿着经常会成为模
仿的对象，因此只要设法让最有魅力的运动员穿上耐克，就必定能吸引全国为数
众多的人模仿。最伟大的世界级篮球明星、大红人乔丹出色地把握了耐克公司的
独特的精神气质，即完美且充满活力的工作作风。耐克通过赞助这位"第一飞
人"成为千万喜爱运动者的偶像。在耐克成为销售额达 40 亿美元的大型公司后，
其反传统的形象正受到威胁，一位商业评论家道："奈特发现，耐克公司在迅速
变成美国商业和体育相结合而产生的普通矛盾心理的避雷针。"奈特自己也认为：
"当你的家业越来越大时，你必须注意使企业降温，但千万不要把火熄灭。"在美
国，虽然每卖出的 3 双旅游鞋中便有一双标有耐克公司的商标 Swoosh，但分析表
明，截至 1994 年 5 月 31 日，耐克公司本年度的财政总收入将下降 6%，跌到 37
亿美元。最大的篮球鞋销售市场的份额也急剧下降，耐克公司最重要的、有发展
潜力的市场是欧洲和日本，但这两个国家的经济却不怎么景气。问题的核心在
于，过去几年曾推动耐克公司发展的消费者——青少年及 20 出头的年轻一代已
纷纷放弃了旅游鞋，他们厌倦了泛滥成灾的运动员参与的鞋类广告。他们在寻找
新颖的、少一点商业气的产品——类似粗糙的皮鞋。这一切影响了耐克的股票，

耐克的股价于 1990 年 11 月达到最高峰，到 1992 年下降了 40%，奈特所持的
35%的股票过去价值 23 亿美元，现在只值 13 亿美元。很多分析家认为，耐克公
司已跌到谷底，他们都估计，1995 年，耐克的利润将升到 12%，约为 3.16 亿美
元。尽管仍然落后于 1992 年财政年度的利润，但 1995 年 3 月 15 日公布的 1993
年和 1994 年的利润数据，使华尔街发现了他们一直找寻的好消息的迹象。夏季
几个月的订货情况已出现一点好转，新的款式——包括新推出的一系列篮球
鞋——将受零售商欢迎。但是，56 岁的耐克公司董事长奈特仍然忧心忡忡，他
深知要在已经饱和的美国市场再次实现他曾创造的那种增长，已经不再可能了。
他花了大量的时间来考虑怎样才能既实现上述目标，又不丧失对公司成功至关重
要的创新、创业的精神。

要实现公司目标，企业文化的改革势在必行。1995 年 2 月中旬，董事长召
集了 31 位高级管理层的经理在俄勒冈海边的别墅开会，其中 8 位是驻海外分公
司的经理。会上他宣布，6 月 42 岁的克拉克将接替耐克公司 66 岁的总裁理查
德·多纳休。这一新任命受到公司上下普遍拥护。它充分肯定了克拉克以加强通
信联系为手段，博采众长的才干，同时也为耐克公司这位"落伍者"搭起了充分
施展的大舞台。但这 ·新战略要求耐克公司各部门全力合作。在一次中层管理会
议中，总裁克拉克向 60 名经理阐述"合作经营方式"的重要性，奈特虽然平时
不喜欢开会，但也在后排列席了会议。克拉克谈到，耐克公司在使交流渠道更加
通畅及加快决策方面做的还很不够。"我们的基因里生长着合作意识"，他总结
说，"但以前那种一部分人聚集在大厅里决策的日子已一去不复返了"。奈特耐心
地倾听着，直到克拉克邀请他——这位意外的来宾——到前台去，他身着双排扣
西服及一双寒酸的平底便鞋，看上去有些衣冠不整。他缓步穿过走道，当灯光追
踪着他时，他眯起了黯淡的眼睛。他用笑话强调沟通渠道的重要性："几天前，
肖恩·埃克哈特头顶一只青蛙走进一家酒吧。酒吧招待员纳闷地问那是什么，青
蛙回答说，'我也不知道。开始的时候，它只是我屁股上长的一个肉瘤'。"奈特
通过笑话向经理们传授的信息是：我们必须走向成功，但不能丢掉幽默感，还有
我们的叛逆文化。到美国，只有少数首席行政总裁能像奈特那样，一出现在雇员
面前就能令他们欢欣鼓舞，他的传奇魅力在于即使他打出一个最微不足道的手

势，也能让人回忆起耐克整个辉煌的历史。

体育精神和商业精神构筑了耐克，锤炼了奈特的精明和强干。奈特起家时，耐克公司只是无名小卒，但他打败了阿迪达斯，打出了自己的牌子。他的成功秘诀是：热爱体育，打破商业行为中的条条框框。他仍然戴着折叠式奥克利太阳镜，也不忌讳开一些难登大雅之堂的玩笑。他是易激动又沉着的人。他的雇员都心甘情愿与他共同创造耐克神话，除此之外，别无他求。尽管如此，奈特是一位精明强干的人。他清楚地知道，在过去的岁月中，当他们为能在竞争中取胜而做马拉松式的不懈努力时，耐克公司碰过壁，经过 6 年最艰难的发展，公司成为体育世界中最强大的一支力量。如今，由于年销售额总是停留在近 40 亿美元，奈特正在寻求摆脱这种滞留不前状况的途径。

3. 进一步改革创新、实施营销新策略

为了能在已饱和的美国市场站住脚，耐克开始更新"外观"技术，推出了一系列新款跑鞋、运动鞋等多种训练用鞋。他还将致力于扩大范戴克主管的资金达 2 亿美元的户外运动品部门。外表粗砺的鞋类是鞋行业中唯一热门的产品，户外运动用品部门将在此领域与廷伯兰德公司等有实力的同行竞争，它的产量已增长了 1 倍，利润也高出 1 倍。奈特信心十足地认为，到 1996 年，它将成为耐克公司盈利最佳的部门，销售额将达到 5 亿美元。

同时，耐克也在改变销售方式。户外用品部门已把销售的焦点对准了雅皮士和新一代未知的顾客，但耐克公司能否通过运动员认可和电视广告使他们对耐克鞋感兴趣，这一点令人疑虑。为了吸引他们，同时也为了回击公众对耐克公司的冷嘲热讽，耐克公司开展了有史以来最大的宣传活动。1994 年春天，耐克公司调整了广告形式。退役的篮球明星迈克尔·乔丹穿着芝加哥 WhiteSox 的队服出现在成年棒球春季联赛上，耐克公司趁此机会，把它打造成一次旅游商品展示，但这使纯粹的棒球爱好者非常恼火。

在策划企业形象的同时还有重要的一项是存货控制体系，但公司却常常忽视它。这种体系被称为"期货"，也是耐克能够持续创利的关键所在。耐克要求零售商必须提前 6~8 个月就预订其总购量的 80%，只有这样耐克才能保证发货时间

并给予 10% 的折扣。因为耐克公司对供订货情况了如指掌，所以它就有足够的时间按订货情况来安排生产。这就避免了过多的库存，同时也确保了其能从亚洲各分厂获得较理想的出厂价。零售商们讨厌这种制度，因为一旦他们对市场的估计出现差错，他们就会被这些鞋困住。但是耐克的市场吸引他们去试试运气。虽然耐克的竞争对手也在做同样的事，但当耐克公司按照已经达成的交易开始发货时，它就已经领先对手一程。锐步公司的卡莫迪说："耐克拥有一个强大的后勤体系，比我们的后勤体系要强大得多。"

4. 营销中的跨文化问题

跨文化问题是每一个跨国公司在经营和管理中都要遇到的问题。德国的阿迪达斯是耐克和锐步在欧洲的最大竞争对手。欧洲人出于本能，偏爱欧洲大陆上生产的一切。阿迪达斯正是利用这点向耐克展开强大的攻势。此外，耐克运动鞋价格昂贵，每双售价高达 80~200 美元，使一些欧洲人难以接受。针对这点，耐克公司刻意揣摩迎合欧洲人的心理特点。比如法国青年好标榜，耐克就在鞋上贴上价格标签，以满足法国青年的身份表现欲。荷兰 25 岁以上的人喜欢穿白色的运动鞋，25 岁以下的人则喜欢色彩鲜艳的运动鞋，耐克就区别对待。

欧美文化传统的差异也使一些欧洲人对美国货深恶痛绝。法国巴黎一所时装设计学院的络莉女士对穿运动鞋极为反感，她说："简直是堕落，不擦鞋是其一，而最可恶的是穿运动鞋。"另一位意大利人称穿运动鞋上班的女子"丑陋不堪"。但同迪士尼乐园与美国电影一样，美国文化在欧洲大有市场，耐克正在利用美国形象塑造欧洲的"运动鞋族"。国际市场是耐克的策略重心，奈特说，"我们都已强烈地意识到，几年后，本公司在国外开展的业务要比在国内大得多"。问题是，即使目前国外的销售额占了耐克公司总销售额的 1/3，但这些业务的开展只不过是分公司通过单纯模仿美国机器实现的。公司必须到足球及其他国际性体育项目中去开辟市场。奈特担心，在海外，耐克鞋正在失去原有的"正宗、做工一流"的形象。这一切都归咎于忽视营销策略以及销售体系松散。外国零售商也是怨声载道，耐克公司总是采用高压手段强迫人们早早地订购耐克鞋，而只有美国零售商才习惯这种方式。

　　为了改变这种情况，耐克买断了世界各地的分销业务，以期获得更多的控制权，奈特号召部下集中精力到德国、墨西哥和日本这些超级重要的市场去开展业务。在那里，耐克公司将使零售商们相信：提前订货并非是桩痛苦的事，广告宣传的重点对象将特别放在体育界，耐克还将推出迎合特殊市场要求的旅游鞋。如销往亚洲的羽毛球鞋和销往斯堪的纳维亚岛的手球用鞋。真正的挑战还在于要找到一批称职的经理，并给他们灌输耐克的经营方式。但这个过程充满艰辛。在美国，奈特相信本公司的经理能干得很出色，因为他知道他们理解耐克这块牌子的意义。那就是"体育、表演、洒脱自由的运动员精神"。这就是传奇总裁阐述的耐克集体文化的丰富内涵。现在，奈特很想在国外找一批信得过的经理，由他们开创性地经营其国内市场，同时维护耐克的信誉。

　　但问题是，耐克文化可能被真正翻译出来吗？出口耐克鞋的同时，奈特还总是念念不忘出口他的耐克文化。原因很简单：在俄勒冈州，耐克公司的大院周围贴着引人注目的体育比赛及表演的消息，这些报道的内容最终落到探讨运动员所穿鞋的设计问题上。这些报道鼓励人们去买那些旅游鞋，虽然这些售出的运动鞋中有70%（包括耐克鞋）未曾出现在体育馆内。一位运动鞋营销专家认为"消费者始终对体育怀有极大的兴趣，而且这种兴趣具有持续性，这一准则至关重要"。为了加强国际行销力量，耐克正在买断世界各地的分销权，以便公司行使更多的控制权。耐克一方面要让好生意从国外市场不停地冒出来；另一方面以维护耐克的牌子为宗旨，履行那些根据建议制定的策略。耐克公司在日本的经历是一个最好的例证，它证明这一过程是非常艰难的。一年前，奈特清楚地知道耐克日本分公司的销售业务很大，但是由于它没有把体育、表演与公司牌子的形象结合起来，所以耐克买下了这家公司，对它进行改头换面的工作。奈特选中了勇吉秋元来领导这项工作。秋元曾为肯德基在日本开拓业务立下了汗马功劳。

　　各国的文化背景和民族习惯不同，公司在制定营销战略和策略时应当十分重视这个问题。像秋元这样的吸烟者往往把体育运动理解成为一种非常柔和的消遣方式，比如高尔夫球。秋元被送往 Beaverton 接受长达 4 个月的耐克文化及经营方式的教育。他扔掉了香烟，开始跑步。待他回到位于东京的耐克日本公司后，他下达了公司内部禁止吸烟的命令。对于这个烟雾弥漫的国家，这项禁令无疑是件大事。同时，他还迫使耐克的日本雇员参加长跑训练，以迎接 1994 年的夏威夷马拉松赛。耐克总公司与各分公司的联系加强之后，耐克得到的第一笔"红利"就是一种专为亚洲人脚形设计的特殊轻型跑鞋的问世。但是对于很多重要方面，特别是耐克这块牌子本身，秋元并不能完全理解，奈特说，秋元动身回东京之前，想把"放手去干"译成准确的日语提交给耐克总部的经理们。耐克人为此惊恐万分。奈特回忆说："我们说'不行'，千万别译出来。我们绝不想掩盖一个事实——我们的牌子是一个美国牌子。"耐克能够凭其强调的文化动力跑赢国际竞争这场比赛吗？家大业大的耐克现在不比创业初期，奈特这位传奇般的商业家面对的是更大的挑战。

三、分析、借鉴与点评

第一，自 1986 年以来，耐克公司的股票收益率平均每年增长 47%，1986~1996 年，《财富》杂志排出的全美 1000 家公司中，该公司排在前 10 名之内。其秘诀何在？如果深入研究该公司的理念就会发现，敢冒风险、打破常规、标新立异是公司创造奇迹的重要原因。《财富》杂志资深研究员加里·哈梅尔说，企业创新的动力来源于思想的创新、企业理念的创新、企业战略的创新。而今天思想的创新、企业理念的创新、企业战略的创新，就是在现有的行业改变竞争核心的能力，以及创造全新行业的能力。这将成为全球企业下一个根本性的竞争优势。在一个越来越非线性的世界里，只有非线性的战略才能创造出巨大的新财富。这种战略理念的调整不是每一个企业都能做到的。它会给企业造成阵痛，不先从企业文化进行变革，就跨不出这一步，越来越多的公司正在证明这一点，并将继续证明这一点。

第二，不断改革创新、实施营销新策略是耐克制胜的法宝，也是所有行业和企业制胜的法宝。过去十几年，虽然一些大公司创造了巨大的财富，但是与耐克这个在企业文化和企业形象上不断创新的公司相比是不可同日而语的。当百货业中的守旧公司把注意力集中在改进供货链，并对生产线进行大量无足轻重的扩展时，富有创新精神的公司则在创造全新的产品种类和零售概念。1995 年 4 月到

1996 年 4 月期间，与互联网有关的公司其资本总额从几乎为零的水平增加到了将近 100 亿美元。

第三，建设公司文化必须注重自己的个性，发展自己的个性。必须充分发展自己与众不同的个性特征，建立并善于抓住各种新的机会实施文化理念的创新。

☞ 思考题

（1）为什么说耐克的营销战略创新动力来自文化理念的创新。

（2）为什么说建设公司文化必须注重自己的个性，发展自己的个性。

（3）耐克公司的企业经营业绩与充分发展自己与众不同的文化个性，建立并善于抓住各种新的机会实施文化理念的创新有什么关系。

案例十一
青啤的企业文化与文化营销

一、创立企业文化的背景

青岛啤酒股份有限公司（以下简称"青岛啤酒""青啤"）的前身是 1903 年 8 月由德国商人和英国商人合资在青岛创建的日耳曼啤酒公司青岛股份公司，它是中国历史悠久的啤酒制造厂商，是 2008 年北京奥运会官方赞助商。根据世界品牌实验室的研究数据，2010 年青岛啤酒的品牌价值达到 426.18 亿元，居中国啤酒行业首位，跻身世界品牌 500 强。

1993 年 7 月 15 日，青岛啤酒（股票代码：0168）在香港交易所上市，是中国内地第一家在海外上市的企业。1993 年 8 月 27 日，青岛啤酒（股票代码：600600）在上海证券交易所上市，成为中国首家在两地同时上市的公司。20 世纪 90 年代后期，青岛啤酒运用兼并重组、破产收购、合资建厂等多种资本运作方式，在中国 18 个省、市、自治区拥有 50 多家啤酒生产基地，基本完成了全国性的战略布局。2009 年，青岛啤酒实现啤酒销售量 591 万千升，同比增长 9.9%；实现销售收入 177 亿元，同比增长 12.5%；实现净利润 12.53 亿元，同比增长 79.2%。青岛啤酒远销美国、日本、德国、法国、英国、意大利、加拿大、巴西、墨西哥等世界 70 多个国家和地区。全球啤酒行业权威报告 Barth Report 依据 2006 年、2007 年、2008 年产量排名，青岛啤酒为世界第七大啤酒厂商。

青岛啤酒几乎囊括了 1949 年新中国成立以来所举办的啤酒质量评比的所有金奖，并在世界各地举办的国际评比大赛中多次荣获金奖。1906 年，建厂仅 3 年的青岛啤酒在慕尼黑啤酒博览会上荣获金奖；20 世纪 80 年代，青岛啤酒三次在美国国际啤酒大赛上荣登榜首；1991 年、1993 年、1997 年青岛啤酒分别在比利时、新加坡和西班牙国际评比中荣获金奖；2006 年，青岛啤酒荣登《福布斯》"2006 年全球信誉企业 200 强"，名列第 68 位，2007 年荣获亚洲品牌盛典年度大奖；2005 年（首届）和 2008 年（第二届）青岛啤酒连续两届入选英国《金融时报》发布的"中国十大世界级品牌"。其中 2008 年在单项排名中，青岛啤酒还囊括了品牌价值、优质品牌、产品与服务、品牌价值海外榜四项榜单之冠。青岛啤酒以"成为拥有全球影响力品牌的国际化大公司"为愿景，始终牢记回馈社会，关注社区和公众的需要，做有责任感的企业公民。1998~2009 年，青岛啤酒共参与社会公益活动 200 余次，捐款近 3000 万元，为和谐社会的建设贡献着自己的力量。

二、文化整合与文化营销

1. 青啤的扩张与文化整合

青岛啤酒股份有限公司是国家特大型企业，其前身是国营青岛啤酒厂，始建于 1903 年，是我国历史最悠久的啤酒生产企业。其生产的"青岛啤酒"久负盛名，历经百年而不衰，并多次荣获国际金奖，是闻名世界的中国品牌之一。许多国际友人正是通过青岛啤酒才了解青岛的，青岛啤酒作为青岛市对外开放的窗口，发挥了积极作用。青岛啤酒以泡沫洁白细腻、持久挂杯和酒液晶莹剔透、香醇爽口而饮誉海内外。目前青岛啤酒已销往 70 多个国家和地区，出口和创汇一直稳居全国同行业之首，为国家和民族赢得了荣誉。青啤于 1993 年 7 月 15 日在香港联合交易所上市，成为首家在香港上市的中国 H 股，同年 8 月 27 日在上海证交所上市。

青啤的第一阶段——做大做强的阶段：青啤的品牌一向走高中档的市场，但高中档市场仅占全中国市场的 15%左右。增长快速且潜力巨大的，却是占有 85%市场份额的大众市场。因此从 1993 年开始，青啤总经理彭作义希望凭借收购当地啤酒品牌来打入不同省市的大众市场。青啤以"做大做强"及"低成本收购"作为整个收购策略的蓝图及核心，并以增加产量到 300 万吨及增加市场占有率到 10%以上为目标。彭作义所谓"做大做强"的理念就是通过购并把市场向下延伸，以高中档的市场补贴大众市场，进而打入一直被忽略的大众市场。但由于青啤是独资经营的公司，并无母公司的财务支持，因此需独力承担收购重责。也就是说，青啤在进行收购活动时需要比竞争对手，如北京控股的燕京啤酒和华润的雪花啤酒付出更多直接的代价。因此，为了能在短时间内挤占更大的市场，青碑不得不实施"低成本收购"。截至 2003 年，青啤的并购中有 42%属于破产收购，这个比例是相当惊人的。到 2001 年，青啤已完成了 40 多项收并活动，厂房遍布17 个省市。生产量由 1996 年的 35 万吨升至 2001 年的 251 万吨，而市场占有率也由 1996 年的 3%升至 2001 年的 11%，达到彭作义所讲"增加生产量到 300 万吨"及"增加市场占有率到 10%"的目标，成为全国最大的啤酒厂。2001 年，虽然青啤已占有市场的 11%，但单单这一年，青啤在低档的大众市场的亏损已达到 7000 多万元，青啤需要以高中档市场所赚的利润去补贴低档市场。青啤在不断收购的同时，营业和管理费用亦不断上升，子公司营业及管理费用从 1998 年的 8541 万元上升至 2002 年的 12.3921 亿元，劲升 14.5 倍。青啤生产能力通过高速度收购不断提高。虽然青啤历年的产量亦有提升，但升幅较慢。青啤 2001 年的生产能力已超过 360 万吨，但产量只有 250 万吨，厂房空置率高达 30%，生产力及资源浪费严重。结果是青啤的边际利润的表现在三大啤酒厂中明显最差，只有 1.80%，而拥有燕京啤酒的北京控股就有 13.90%，华润雪花啤酒也高达9.86%，都大幅超过青啤。可见过往的急速收购活动对青啤弊多于利。

青啤的第二阶段——精益求精的阶段：盲目高速的收购活动加上内部管理的不协调令青啤出现高成本、入不敷出、债台高筑等问题。2001 年 7 月，青啤总经理彭作义辞世，由金志国接任。他果断地调整青啤的营运战略，由"做大做强"改变为"做强做大"，着力推行改革，提升公司的内部核心竞争力。青啤的改革措施如下：①架构重组；②品牌重组；③增减子公司股权；④减慢收购速度。本书认为这些重组的做法对于大部分公司而言相当具有参考性，因此我们将作进一步的详细分析。架构重组：未重组前，青啤的每个子公司都是独立的营运单位，同一地区内的子公司的营销范围没有清晰的划分，各自拥有销售网络和行政单位，造成资源重叠和浪费。于是青啤自 2000 年起先后组建八个事业部，把全国的子公司按区域收归各事业部，缩小范围管理，统一产供销、市场及行政管理，共同使用运输、分销等系统以实现资源优化配置，节省人手及成本。2000年，青啤在青岛本部率先建立 ERP 信息系统，并于 2002 年 6 月在华南事业部实施第二期计划。经过前两期的实施，青啤统一了 22041 种数据编码、整理了1400 余个客户档案和 2000 余个供货商档案，并为各部门建立了管理信息系统模块模型。在事业部制度的区域管理和 ERP 信息系统的基础上，青啤成立了仓储调度中心，对全国市场区域的仓储活动进行重新规划。青啤的仓库面积由以往的7 万多平方米下降到目前的 29260 平方米，库存量也得到改善，成立仓储调度中心后青岛本部的产量虽然上升了，但库存量反而大大下降。品牌重组：经过一轮疯狂收购后，青啤旗下的品牌增至 40 多个，不但难以管理，更造成"自己人打自己人"的情况。有鉴于此，青啤进行品牌重组，欲在 5 年之内将 40 多个品牌减至 10 个以下。例如，在东北地区，青啤旗下的啤酒品牌一共有三个，分别为五星啤酒、兴凯湖啤酒及青岛啤酒。经过重组整合后，青啤把这三个品牌归纳为一个品牌——"青岛啤酒"推出市面，再与同区的对手——雪花啤酒和百威啤酒竞争。增减子公司的股权：自 1994 年收购扬州啤酒厂以后，青啤 9 年来先后兼并了 40 多家啤酒企业，但这 40 多家企业却是 1/3 盈利、1/3 持平、1/3 亏损。为增加盈利，减少开支，青啤增持了一些表现较好的子公司的股权，减持了表现较差的子公司的股权，甚至注销它们。例如，青啤增持西安公司的股权由 56.32%到 76.1%，增持渭南公司股权由 41.28%到 69.28%，增持薛城公司的股权由 70%到 85%。同时青啤减持北京三环的股权由 54%到 29%，并注销了江苏（90%）和上海啤酒（35%）的营销。减慢收购速度：青啤自从大量收购全国各地的啤酒厂后，负债率不断上升，银行因此不愿再借贷给青啤。由于资金不足，青啤无法继续疯狂收购。再者，新上任的总经理有意推行新政，减慢收购，并进行内部整合。青啤自 2001 年开始已大大减慢收购的速度。2002~2003 年，青啤只收购了两家啤酒厂，分别为厦门银城股份有限公司及湖南华狮啤酒厂，青啤在这两项收购中，共享了 1.24 亿元。由以往青啤股价的走势看来，大部分时间青啤 H 股股价会在并购消息发放后下跌，反映香港机构投资者对青岛啤酒并购消息抱负面态度。由于对青岛啤酒的前景抱怀疑态度或质疑一连串并购对青岛啤酒能否产生协同效应，投资者于并购消息发报后抛售青岛啤酒股票。反之，青啤 A 股股价却因受并购利好消息影响而不断上扬。改革前，青啤 A 股股价一直偏好，这是由于国内的小股民在"羊群"心态的影响下，视收购为好消息。但改革后，青啤 A 股股价并未因改革而大幅度上升，基本保持稳定。而香港机构投资者较国内股民更看重基础分析。由于机构投资者认为青啤"做大做强"的策略失当，因此青啤疯狂收购的结果是青啤 H 股股价在改革前一路下滑。但改革后青啤 H 股股价却不断上升，显然是机构投资者肯定了青啤的改革策略。2008 年 12 月末，世界权威的品牌价值研究机构——世界品牌价值实验室举办的"2008 世界品牌价值实验室年度大奖"评选活动中，青岛啤酒凭借良好的品牌形象和品牌活力，荣获"中国最佳信誉品牌"大奖。

和大多数中国企业相比，青啤企业文化最不可模仿和不可复制的地方就在于，它有着真正的"历史"。"历史"是需要时间的沉淀、沧海桑田的磨濯并经过历代的传承。要研究青啤的企业文化，首先要对青啤企业文化的发展阶段进行科学的划分，正如研究历史首先必须进行断代一样。2004 年 8 月，青啤董事长李桂荣在一篇题为《对青岛啤酒企业文化的再思考》的文章中写道："在一百多年的发展历程中，青啤企业文化经历了自发、自觉和提升三个阶段，逐渐形成了以表层形象文化、中层制度文化以及深层价值理念为核心的完整的企业文化体系。"这是对青啤企业文化的发展历程第一次进行分期和界定。在青啤的大兼并中，文化整合发挥了不可忽视的作用。青啤公司实施"大名牌发展战略"，通过"高起点发展，低成本扩张"，实现了跳跃式、超常规发展，在国内 18 个省、市、自治区建立了啤酒生产基地，构筑了遍布全国和全球的营销网络，年啤酒生产能力、品牌价值、产销量、利税总额、市场占有率、出口等多项指标均居国内同行业首位。青啤扩张的成功得益于许多方面，其中文化整合起到了关键作用。文化整合统一了被并购子公司的经营观念和价值理念，为企业改革、发展打下了良好基础，使前后 40 多家进入青啤的子公司都成为了新的生力军，形成了推动青啤发展的巨大合力。资本的扩张说到底也是文化的扩张，先进的理念、成功的品牌、优秀的管理等"轻资产"的输入是扩张成功的关键。20 世纪 90 年代，青啤面临的危机主要是规模危机。公司制定了推进规模扩张、实现市场化运作的重大战略，40 多家企业陆续加入青啤大家庭。不同的企业文化短兵相接，必然会发生碰撞冲突，给企业的经营管理和发展带来巨大的困难。青啤文化是青啤的灵魂，是的核心竞争力之一。青啤在"锐意进取，奉献社会"这一核心理念的指导下，设计并导入了 CI 战略，形成了"科学严格的管理与和谐的人际关系相统一"的管理模式和"热爱青岛啤酒，献身青岛啤酒"的团队精神，建立了比较完整的企业文化体系。通过反思青啤自身发展壮大的经验，公司领导层深深地感到企业并购之后的整合是一场革命，其中最难的是观念的转变，而要转变人的观念，关键又在于灌输、整合、创新青啤文化。通过具体的整合实践，青啤人认识到"文化整合不应仅仅是青啤文化的单向输出，而应是母、子公司优秀文化的兼收并蓄，共同创新"。文化整合的实质是对双方企业文化的评判、选择、提升和优化的过程。对被并购企业优质文化的挖掘、吸收，既是对子公司的充分尊重，也是文化创新的源泉之一。如"新鲜度管理"是青啤对啤酒行业营销理念的一个重要贡献，华南事业部将其推而广之，不仅体现在营销环节，更体现在经营管理的各方面，各个环节都要讲究"新鲜度"，突出一个"快"字，围绕市场建立快速反应机制。通过企业文化整合，母公司与子公司互相汲取文化营养，双方不断调整，共同成长。

2. 青啤的文化营销

青啤文化包括精神、制度、物质三个层面。精神层面包括愿景、使命、核心价值观、理念、宗旨、精神等，是文化的核心和灵魂，是企业的"心"。制度层由精神层转化而来，目前有 200 多项制度，190 余项流程，还包括公关活动、营销活动等，对文化进行科学的、规范化的培育，表现出公司不依赖任何人的强大的制度执行力，是企业的"手"。物质层包括公司的视觉识别系统、物质环境、产品造型包装设计、企业文化传播网络等，是精神层的载体，也是文化最为外在直观的系统，是企业的"脸"。从精神层到物质层，由抽象到具体，由神到形，执行中也有意会、言传、行贯的偏重。

愿景位于文化框架的最上方，青啤文化是愿景领航的文化，愿景基于市场提出，具有引导功能；使命紧随其后，基于消费者提出，阐明了青啤存在的理由和价值。这两项是顺势而为，因为不管青啤是否做好了充分的准备，啤酒市场已经是一个国际化的市场，成为国际化的大公司是市场的客观要求；同时，啤酒的好坏由专家鉴定的时代已经过去了，必须满足消费者的喜好才能使企业生存发展，所以使命强调了消费者导向。

核心价值观是青啤所推崇的基本理念和信仰，体现公司的境界和原则，使命即青啤的核心价值观。青啤的核心价值观是基于青啤公司区别于其他组织的独特的文化细胞形成的，既有传承，又有创新，在矛盾中寻求标准，使文化细胞更加健康和有适应性，对员工具有凝聚功能。理念群由核心价值观派生出来，阐明了公司在不同方面的观念立场，有激励功能。这一部分是明道，即阐明青啤生存发展之道。

制度层和物质层部分对所有企业行为和员工行为实行系统化、标准化、规范化的统一管理，形成统一的企业形象，便于统一的经营管理，在文化中起约束作用和识别作用。与明道相对应，这一部分是优术，即寻求文化落地的具体途径。

企业宗旨和企业精神贯穿在文化的各个层面，理念群、制度层、物质层体现了青啤作风。

公司制定了高于国家标准的严格的内部质量控制标准，从原料进厂到半成品加工直至成品出厂，必须经过系统、严格的质量检测。1995 年公司通过了由挪威船级社组织评审的 ISO9002 国际标准认证，标志着青岛啤酒的质量管理水平进一步提高并已与国际接轨。为了配合青岛啤酒百年品牌的重新定位并提升其品牌形象，浪涛为青啤重新调整其企业标识和设计品牌包装系统。在原有企业标识的基础上，浪涛以保留主要的元素（麦穗、古亭和水波）为原则加以简化和优化，并加上立体效果，以增强其视觉震撼感和动力。新的造型较强调古亭两屋顶部的流线型，缩短流水部分，使麦穗圆满环抱着古亭和流水的风景，再以红和蓝的深浅色和古亭旁的明影加强立体效果，使整体造型有明确的焦点。商标组合以突出英文名称为主，加上经过特别设计的中英文字体，配上徽章似的辅助图形，更能反映出青岛品牌优质和可靠的形象特质，使整体形象更加国际化和具有亲和力。

随着世界经济一体化的高速融合，谁把顾客奉为上帝，以优质的产品和服务赢得顾客，谁就是市场竞争中的胜者。"只有顾客才是企业的上帝"，在青岛啤酒集团中，这并不是一句冠冕堂皇的空话，因为顾客是最终决定谁是市场赢家的仲裁者，同时他们也都是产品的消费者。青啤相信消费者的信念来自其本身，消费者对品牌价值与品质的认知将决定青啤的未来。以"顾客价值为导向"，青啤公司在梳理发展指导思想时，正式提出一项"做大做强"的新战略，这一战略的核心是由生产型企业向服务型企业过渡。通过为股民、为职工、为消费者服务来进一步转变机制，真正地与市场接轨，形成新的企业竞争优势。把青啤这一具有百年历史的中国民族品牌发展成为世界啤酒行业的强者，再创百年辉煌，是几代青岛人的梦想。青啤公司认为，公司机制的转变，比眼前几个经营数字的好转更重要。因为青啤的发展存在一个"路径"问题，路径选择不当，就有可能欲速则不达，就有可能付出不应有的代价。青啤公司认为，摆正企业利益和消费者利益的关系，处理好赢利和服务的关系，是青啤发展中的重要指导思想。青啤提出"顾客价值导向"为中心的创新经营模式，认为营销理念现代化、销售信息自动化、营销管理专业化、物流配送科学化、销售网络精细化的目的，就是一切以消费者为中心，在第一时间内为消费者提供高质量的服务。这是企业在市场竞争中的中心任务，要在服务的速度和质量上，形成新的竞争优势。目前，这一指导思想已经在青啤全国各市场的开拓中得到体现和运用。企业机制的调整，也是职工利益的调整，对此，青啤公司提出，减人增效不能简单化，要把发展与改革科学地结合起来，要实事求是，不能为改革而改革，不能搞形式主义，改革应是主动的，而不是被动的。为此，青啤公司组成战略委员会、提名委员会、薪酬委员会三个专业委员会，增设外部董事和独立董事，在保证宏观、前瞻性决策安全的同时，有计划地、系统地、自上而下地组织全体员工学习，激发每个人的潜能，激发每个人的创造精神，尤其是要学习和了解与国际化大公司，学习和了解公司的发展目标，学习和了解新的企业流程，明确"为什么要发展"，让尽可能多的职工提高学习能力，跟上时代和企业信息化的快速发展步伐。青啤是我国最早上市的著名公司之一，社会公众股在不断地增多，随着时间的推移，股民手中股票价值在总股本中的比例还会增加，怎样使这部分股东的利益增值，不断地得到回报？青啤公司提出股东价值最大化的效益观，从过去的以效益为中心转向更加强调投资回报率，也就是以资本增值为中心，诚信经营，创新考核机制，追求企业的长期可持续发展，使股东手中的股票物有所值，不断增值。塑造消费者忠诚是青岛啤酒成功的前提条件，也是青岛啤酒持续百年的战略选择，塑造消费者忠诚这个理念对想要基业长青的啤酒公司来说还是至关重要的，主要有以下几点：第一，啤酒公司持续经营的第一个要点，在于不断探索获得消费者忠诚的方法和渠道，青岛啤酒必须从 3A 转向 3P〔所谓 3A 指的是让消费者在购买青岛啤酒时，买得到（Available）、买得起（Acceptable）、乐得买（Affordable），而所谓 3P 指的是无处不在（Pervasiveness）、心中首选（Preference）、物有所值（Price to Value）〕。当消费者发生变化的时候，企业战略也要相应变化，同样，赋予产品的文化内涵也要变化，这样才可能使一个单一口味的产品能够适应百年消费者的变化。第二，啤酒公司持续经营的第二个要点，在于不从价格上过分地与对手竞争，而是通过对产业链和价值链进行分析，通过控制某些关键点，通过收购与兼并，去获得比较竞争优势，这样的竞争能够塑造一个健康的行业结构，使领导者之间能够通过竞争去扩大自己的市场份额，减少跟随者"反击成功"的机会。

企业的产品要依靠企业文化来宣传，良好的企业声誉要依靠企业文化来传播，优秀的企业形象要依靠企业文化来塑造。企业要面向市场，产品要在复杂激烈的市场竞争环境中站稳脚跟，并立于不败之地，必须借助于文化的传播作用和影响力。正所谓"好酒也怕巷子深""形象等于市场""市场就是效益"。国家统计局的数据显示，2007 年青岛啤酒实现啤酒销售量 505 万千升，在中国市场的占有率达 13%。青岛啤酒远销美国、日本、德国、法国、英国、意大利、加拿大、巴西、墨西哥等世界 62 个国家和地区。全球啤酒行业权威报告 Barth Report 依据 2006 年、2007 年产量排名，青岛啤酒为世界第八大啤酒厂商。2005 年（首届）和 2008 年（第二届）连续两届入选英国《金融时报》发布的"中国十大世界级品牌"。其中 2008 年在单项排名中，青岛啤酒还囊括了品牌价值、优质品牌、产品与服务、品牌价值海外榜四项榜单之冠。

青岛啤酒不仅要酿造高质量的产品，还要提供最优质的服务，"更快捷、更新鲜、更亲和、更便利"是根据啤酒消费特点，研究啤酒市场规律而提出的高标准服务准则。青岛啤酒的员工既推销青啤的产品，同时又传播着青啤的文化。他们作为青啤文化的一家窗口，向人们展示着智慧、文明、全心全意为消费者服务的形象，展示着一家大公司员工的良好精神风貌。青岛啤酒的一个业务员去一家连锁店推销青岛啤酒，上门三次，才使该家连锁店的老板勉强答应试试，于是这位业务员顾不上回公司，马上到附近的商店用自己的钱买了一箱青岛啤酒，亲自搬到连锁店，这一举动使老板大为感动，终于使青岛啤酒摆上了这家连锁店的柜台。

三、分析、借鉴与点评

在工业经济时代，人们依靠不同的技术和质量区别不同的产品，但在今天，先进技术的扩散速度越来越快，企业之间产品质量和特色的趋同化程度越来越高，依靠产品本身的物理特性已经很难把不同的产品明确地区分开来。没有产品的个性就无法获得真诚稳定的顾客。企业依靠什么创造个性呢？文化作为一种精神内涵，赋予产品个性和灵魂。被赋予了文化个性的产品在顾客眼中是活的、是含义丰富的、是吸引眼球的、是聚焦偏好的、是无法替代的、是难以讨价还价的。企业要创造出产品在顾客心中的个性定位，就必须进行文化营销，将文化注入产品、价格、渠道和促销之中。沃尔沃、奔驰和丰田三家汽车制造商的制造技术不相上下，但营销文化各不相同。沃尔沃的营销文化是安全第一、豪华第二、省油第三；奔驰的营销文化是豪华第一、安全第二、省油第三；丰田的营销文化是省油第一、安全第二、豪华第三。它们不同的营销文化确立了它们不同的追求和不同的资源优化配置排序，形成它们企业不同的个性和产品不同的核心竞争力。它们产品的垄断力和卖点来自营销文化个性而不是技术优势，因为它们各自的技术优势和产品个性是追求营销文化个性的结果而不是原因。三家车厂的卖点不是汽车而是文化个性：安全、豪华和省油。追求安全个性的是沃尔沃的顾客；追求豪华个性的是奔驰的顾客；追求省油个性的是丰田的顾客。没有营销文化，就没有产品定位，就没有品牌，就没有目标顾客！

文化营销系一组合概念，简单地说，就是利用文化力进行营销，是指企业营销人员及相关人员在企业核心价值观念的影响下所形成的营销理念、所塑造出的营销形象以及两者在具体的市场运作过程中所形成的一种营销模式。企业卖的是什么？麦当劳卖的仅是面包加火腿吗？答案是否定的，它卖的是快捷时尚个性化的饮食文化（QSCV形象）。柯达公司卖的仅仅是照相机吗？不是，它卖的是让人们留住永恒的纪念。中秋节吃月饼吃的是什么，我们难道只是吃它的味道吗？不是，我们吃的是中国民族传统文化——团圆喜庆。产品的深处包含着一种隐性的东西——文化。企业向消费者推销的不仅仅是单一的产品，产品在满足消费者物质需求的同时还满足消费者精神上的需求，给消费者以文化上的享受，满足他们高品位的消费。这就要求企业转变营销方式，进行文化营销。物质资源是会枯竭的，唯有文化才能生生不息。文化是土壤，产品是种子，营销好比是在土壤里播种、耕耘，培育出品牌这棵幼苗。可口可乐只是一种特制饮料，和其他汽水饮料也没有太大的差别，但它之所以能够成为全球知名品牌，并有100多年历史，是因为它与美国的文化有紧密的联系，可口可乐的每一次营销活动无不体现着美国文化，其品牌已经成为美国文化的象征，因此，喝着它常常会有一种享受美国文化的感觉。

☞ **思考题**

（1）在青啤扩张的过程中，青啤文化起到什么作用。

（2）企业并购后整合的关键是什么。

（3）青啤Logo的含义是什么。

案例十二
内蒙古 GL 公司服务区分公司企业文化建设研究

企业文化是企业员工共有的价值体系。当员工遇到问题时，企业文化为员工提供正确的途径约束，指导员工的行为，告诉员工什么该做、什么不该做，并对问题进行定义、分析和解决。企业要想聚集起更优秀的成员，要想更长久地生存，就必须具有自己独特的企业文化，用企业文化来指导企业的经营，推动企业的发展，凝聚企业的员工，规范企业的形象。内蒙古 GL 公司服务区分公司就是要学习解放军的文化，从精神层面来加强团队建设，用企业文化来统一队伍的思想、号令队伍的行为，在最短的时间内造就一支作风过硬、纪律严明、政令畅通、团结高效、勤奋务实的优秀团队。该公司企业文化建设的过程对其他企业的企业文化建设也具有重要的借鉴意义。

一、公司概况

内蒙古 GL 公司服务区分公司是一家新兴、年轻且富有朝气的企业，随着高速公路的不断延伸，GL 公司内蒙古段投入运营的服务区数量也从 2005 年的 8 个，上升到 2007 年的 17 个，从业人员数量也达到了几百人。企业的发展壮大和员工来源的多渠道，给企业的管理者提出了新的问题：如何才能建立一支团结高效的团队？如何才能管理好自己的团队，让企业保持旺盛的生命力和强大的竞争力，从而持续、健康、快速地发展？这就需要加强企业文化建设。有了优秀的企业文化，员工就有了前进的方向，团队就有了统一的思想，有了共同努力的目标。卓越的企业文化会让企业基业长青，永续发展。

内蒙古 GL 公司服务区分公司以全局意识统筹安排，用长远眼光谋划发展，进一步增强了工作的前瞻性、主动性和创造性，认真贯彻落实交通部"为全面建设小康社会提供现代化的交通保障"的交通工作目标，用高品质、全方位的服务满足用路人多元化、多层次的需求，树立内蒙古 GL 公司服务区分公司的良好形象。同时提出"服务大众，追求卓越"的口号，全面加强企业文化建设与和谐企业的创建工作。

企业文化建设是保证企业生存和发展，增强企业凝聚力和竞争力的根本战略。内蒙古 GL 公司服务区分公司通过企业文化建设，树立企业价值观，增强企业活力，在促进企业经济健康、快速发展的同时，培养高素质的人才，成就员工的精彩人生。

二、内蒙古 GL 公司服务区分公司的企业文化建设虽已有了一定的成绩，但也存在一些问题

2008 年 7 月 28 日至 8 月 20 日，我们进入企业针对服务区分公司的企业文化建设进行调研，访谈 21 人，回收调查问卷 106 份，通过整理 21 名访谈对象的访谈记录，并对问卷所有问题进行问卷统计分析，发现内蒙古 GL 公司服务区分公司的企业文化建设存在如下问题：

第一，服务区分公司的企业文化建设制定了一系列的举措，但是没有得到很好的贯彻实行，缺乏广大员工的认同，推行起来比较困难，这是内蒙古 GL 公司服务区分公司企业文化建设中最突出的问题。

员工对现有企业文化认识不足，机关与服务区员工对企业文化认识也不统一。对于公司的"八风""八讲""八学习"建设，服务区员工对其知之甚少，公司现有文化虽然对公司发展有一定促进作用，但是现有的文化活动比较少，激励作用比较弱。

第二，物质激励的有限性，在一定程度上也影响了企业文化建设。由于体制问题，薪酬激励少，干多干少差距不大。一个企业要想真正地搞好，企业文化是必不可少的，但物质文明必须要跟上，这样才能将员工积极性调动起来，才能使管理更加有效。

第三，企业文化的内在价值理念得不到提炼。企业文化建设的目的是提升企

业竞争力，打造企业的竞争优势，树立企业的品牌"品牌"。而内蒙古 GL 公司服务区分公司文化建设氛围不浓，营业场所缺乏相应的口号、标语，也很少对员工灌输企业文化。

第四，服务水平和服务质量与社会需求还有一定差距。部分服务区经营管理机制不健全，员工流动性大，经销商和员工素质也参差不齐，服务区从业人员的服务意识、服务水平、服务形象还有待提高。在建立服务区整体联动服务机制、开展地区特色服务项目、挖掘服务潜能、开展人性化细节服务等企业文化建设方面，也需要进一步地提升。

三、构建内蒙古 GL 公司服务区分公司的企业文化

现代市场发展的一个重要趋势，就是服务竞争在现代市场竞争中的地位和作用越来越突出。服务是塑造企业形象的一个重要途径，优质的服务可以塑造出良好的企业形象，而良好的企业形象又是企业的一笔无形资产。换言之，优质的服务可以使企业的无形资产得以增值，从而促进有形资产的升值，达到全面提高企业竞争力的效果。建设具有内蒙古 GL 公司服务区分公司自己特色的企业文化应该从以下几方面出发：

1. 企业文化建设必须得到各级领导的重视

企业领导层首先要真正理解企业文化方案，然后才能身体力行地动员和带领全体员工，将企业文化渗透到企业的组织机构、规章制度、企业形象和员工行为之中，成为企业长久发展的动力。企业领导需做大量工作，对机关管理人员和服务区工作人员进行教育、引导和强化。

2. 企业文化建设不能急于求成

企业文化的渗入是一个长期而复杂的过程，企业文化要达到的目标是塑造人心、改变观念，而不仅仅是规范人的行为。

3. 完善企业文化手册

企业文化建设是企业的一项长期任务，需要结合企业的发展，长期不懈地进行完善和充实。在公司企业文化读本的基础上，将企业文化进一步规范化、特色化、精品化。其基本思路为：一是将企业的使命、愿景和战略目标的主要内容纳入企业文化之中，丰富企业文化内涵；二是进一步明确企业价值观、企业精神以及企业精神载体；三是凝练企业文化内容，突出重点；四是挖掘公司感人事迹，提炼公司特色企业文化；五是建立员工行为规范、重要岗位行为规范，将"八风""八讲""八学习"纳入行为规范，强化工作作风建设，切实提高行业文明程度，营造构筑和谐型企业的氛围，形成巨大的合力，保障分公司各项工作的顺利开展。

4. 加强企业文化建设的基本途径

利用多渠道、多形式加强企业文化建设：一是每年举办一次文化节，展示企业文化、宣传企业文化；二是确立一名企业文化兼职讲师，宣讲企业文化，培训员工；三是举办企业文化论坛，集思广益，总结企业文化，不断完善企业文化；四是谱写企业之歌，传诵企业文化的核心内容；五是宣传能够体现企业精神的优秀员工和突出事迹；六是举办企业文化知识竞赛活动；七是统一企业文化的宣传标语，规范对外宣传的内容和形式；八是继续开展爱心基金救助活动，同时号召全线服务区积极开展创建消费者信得过单位、老百姓满意放心单位、精神文明单位、文明卫生单位以及青年文明号一条路等活动，树立服务区良好的社会形象，不断提高人民群众的满意度，促进分公司各项工作的不断进步。

5. 以企业文化构建名牌服务企业

21世纪，企业之间的竞争越来越表现为文化的竞争，良好的企业文化是实现企业可持续成长的重要保障，建设良好的企业文化不仅可以凝聚人心、激励士气，还可以引导员工树立正确的世界观、价值观，形成独特的企业道德约束，从而对服务区分公司打造一个具有高社会美誉度、高顾客满意度、高员工忠诚度的名牌服务企业将发挥至关重要的作用。

内蒙古 GL 公司服务区分公司将打造具有时代特征和个性特点的企业文化，以此提升公司形象，提高管理水平，更好地服务于社会。以建设卓越的企业文化形成分公司强大的发展动力；以优秀的企业文化为分公司管理树立长远的目标和管理理念，提高企业管理档次和整体水平，将企业发展愿景和员工职业生涯规划融汇在一起，为员工提供一个适宜自我成长与发展的工作环境、一个和谐的人际关系环境和一个公平的竞争环境。同时内蒙古 GL 公司服务区分公司还将用企业文化建设促进员工队伍建设，提高职工综合素质，培养员工的敬业精神和社会责任感，使其更好地服务于顾客、服务于企业、服务于社会，积极地为企业发展做出贡献。

附录 4　案例使用说明

1. 教学目的与用途

（1）本案例主要用于《企业文化》课程中"企业文化建设与实施"章节的企业文化营造过程的教学，适用于工商管理本科生的教学。

（2）本案例主要通过介绍该公司企业文化建设的过程，一是使学生了解"企业文化"的理论框架。二是帮助学生掌握企业经营管理者特别是主要领导人起着非常重要的作用。企业中的重要经营管理者，不仅应当是企业文化的设计者、倡导者、组织者，还应当是模范的实践者，更应当是企业文化的直接体现者，提高学生对未来就业企业的适应能力。三是促进学生掌握企业文化建设的过程，使之具有相应的实践运用能力。

2. 启发思考题

（1）结合某一企业，分析其企业文化建设的时机把握得如何。

（2）企业应该如何进行企业文化建设与实施。

（3）对照企业文化建设方针，结合某一企业，分析其企业文化建设存在的主要问题。

3. 分析思路

（1）让学生掌握企业文化建设的重要性。

（2）学生能正确分析提炼企业文化的要素。

（3）学生要正确理解企业文化实施、导入的步骤。

4. 理论依据与分析

（1）企业文化建设的四大内容。

第一，确立企业精神文化。企业精神文化主要包括企业宗旨、企业愿景、企业精神、核心价值观、企业道德等理念文化要素。企业精神是企业文化的核心内容，是企业文化建设的工作重点，加强企业精神文化建设，是企业文化理念内化于心的过程，要通过组织引导员工广泛参与，开展理念确立和深入灌输，提高广大员工对文化理念的认同度和行为的自觉性，使企业文化理念成为统一员工思想、凝聚智慧和力量的精神支柱，成为员工的行为指南和思想动力。

第二，建立企业制度文化。企业制度文化包括企业内部的各项规章制度、工作流程、工作标准和行为规范等。企业文化建设通过完善相关管理制度，寓文化理念于制度之中，固化于制，规范企业经营管理和行为，提高管理效能，实现企业理念的制度化、制度规范的人性化和企业管理的柔性化。

第三，建立企业行为文化。在企业核心价值理念的指导下，对职业道德规范、员工行为准则、团队管理、沟通渠道建立、顾客满意工程、员工满意工程、培训体系设计、激励机制设计、员工绩效考核等进行规范设计，以此形成既体现现代文明又有可操作性的行为识别系统。

第四，构建企业物质文化。企业物质文化包括企业环境，企业产品和提供的服务，企业容貌，企业广告，企业标识、旗帜、徽标等企业形象识别系统的内容，企业物质文化建设，就是要使企业文化理念外化于形，通过整合资源，统筹设计、全面推进，建立充分体现企业文化理念的企业标识体系。加强文化设施建设，美化工作生活环境，提高产品服务质量，打造企业品牌，提升企业知名度、信誉度和美誉度，树立企业良好的公众形象。

（2）企业文化建设的过程。

第一，计划启动阶段。计划启动阶段包括以下几个方面的内容：

一是企业家的倡导和决策。当今，企业文化给企业带来的有形的和无形的、经济的和社会的显著效益得到了很多企业家的认同：企业文化不仅是一种管理方法，而且是一种象征企业灵魂的价值导向，反映了一种从事市场经营和物质生产的精神气质，一种精益求精的工作态度和献身事业的生活态度。从一定意义上说，以企业精神为核心的企业文化，是企业家的人格化。

二是企业文化机构的建立。为了使企业文化建设有组织地进行，必须建立企业文化建设的组织领导机构，这个机构的名称可以叫作"企业文化建设委员会"，也可以叫作"企业文化建设工程决策委员会"。

在这个机构中，必须由企业的最高决策者即企业家亲自担任委员会主任，因为企业文化建设工程确实是"一把手工程"。企业家要通过工程体现自己的价值取向，把握工程的整体方向，在塑造企业灵魂的工程中始终占据决策地位。

同时，要确定一名企业高层领导人担任委员会的常务副主任，在工程实施阶段，专职从事委员会的领导工作，保证工程按计划方案正常有序地进行。

企业其他高层领导人可以成为委员会的副主任或委员。委员会还应当吸收企业一些关键部门如党群机构、人力资源机构、战略发展研究机构、文化宣传机构的负责人参加，调动各方面的力量，保证工程所需资源。

在委员会之下，还必须建立一个高效精干的工作机构。这个机构的名称可以叫作"工程办公室""企业文化办公室""项目组"等。这个工作机构的成员，应该由那些热衷企业文化并有一定企业文化基础知识，在以后的企业文化建设中将成为骨干的人员组成。这些成员应该在常务副主任的主持下开展工程的日程事务性工作。

三是企业文化咨询机构的介入。管理咨询业被称为企业的"外脑"，它主要是为企业的经营管理和发展壮大提供强大的智力支持。近年来，跨国咨询、本土咨询都在全面启动，如风险投资咨询、战略选择咨询、IT 计算机技术咨询、人力资源咨询及营销策划咨询等，在这些咨询中，虽然不同程度地涉及了企业文化的一些构成要素，但以企业文化咨询顾问的名义，专门对企业进行企业文化建设的管理咨询，还是一件新事。

所谓企业文化咨询，是根据企业建设企业文化的需求，由具有丰富文化知识和企业管理知识，且具有创造力的人组成的专业咨询团队，通过对企业的历史和现状、优势和劣势、机遇和挑战等进行全面而缜密的考察分析来做出诊断和评估，并对企业文化建设做出主体定位，运用自身的专业资质，为企业设计出具有企业特色的企业文化体系，指导企业实施。

四是企业文化建设的计划制定。企业文化建设工程计划，也可称工作方案，是一个用来指导整个项目执行和控制的文件，它为整个工程的内容、范围和时间做出具体安排，并为进度测评和绩效测评提供一个基准线。计划的制订要注意以下几点：首先，计划必须具有现实性和实用性。制订计划的主要目的就是要指导企业文化建设工程的实施，因此必须具有现实性和实用性。为了做出一个具有现实性和实用性的计划书，需要在计划编制过程中投入大量精力，包括取得与这个项目相关的信息，分析与这个项目相关的事实。如企业的历史沿革，企业的现实状况，企业所在行业的态势，企业文化建设的基础和现状，企业领导层的基本构成等，保证计划有的放矢。其次，工程计划还应该具有一定的动态性和灵活性，并随着环境和项目本身的变更而进行适当的调整。最后，工程计划还应该考虑到特殊性和一般性，根据不同的项目制订不同的计划，按照特定的项目量体裁衣。

特别是咨询机构为企业提交的计划，要考虑到该企业文化战略工程的建设时间，如果企业的需求单一，时间较短，那么计划书可以相应简短，如果企业的需求复杂，工程时间较长，则应当有详细周密的计划。

五是工程计划书的内容。一个一般性的项目计划必须包括项目的整体介绍、项目的组织描绘、项目的主要目标、项目的工作方法、项目的时间进度、项目的管理程序，以及所需提交的产品等内容。

项目名称：企业启动企业文化建设工程，最好拟定一个工程专用名称，以项目名称展示工程目标，激励员工共同参与。

项目背景：描述该项目产生的缘由，概述与该项目相关的信息，综述项目总体概况，包括历史、现状及行业的环境。

项目目标：初步确立该项目要实现的企业愿望以及企业的需求。

时间进度：企业文化建设工程计划书要制订出工程的时间进度，大体按项目前期、中期、终期进行时段分解，把各项工作具体分解到每一天，安排每项工作的进度。

组织描述：企业要组建企业文化建设工程委员会及其工作机构，如果聘请咨询机构协助，还应吸收咨询机构成员组成互动工作小组，要明确小组成员及其职能，明确企业与咨询机构之间的互动职责。

工作方法：工作方法是指为实施企业文化建设工程，项目小组所应遵循的价值观和方法论，如工作步骤、相互沟通、互动合作等。

六是企业文化建设工程启动大会。经过前期计划准备之后，选定一个合适的日期，召开企业文化建设工程的启动大会。启动大会具有实质意义：

动员了员工：员工的热情参与是企业文化建设的基础，通过启动大会，员工们能够了解怎么干，要达到什么目的，从而使企业文化建设得到员工的广泛认同和支持。

扩大了影响：企业文化建设目的之一是外树形象。通过这一活动，企业文化建设和社会传播受到当地政府和社会的关注。

界定了工程时间：把企业文化建设工程当作一个战略工程项目，需要设定明确的时间界限以便有序、规范地实施。

第二，考察调研阶段。考察调研阶段包括以下几个方面的内容。

一是考察调研人员的构成。企业文化建设工程正式启动之后，在企业文化建设工程委员会的指导下，由咨询机构人员组成的工作机构——项目小组就进入了考察调研阶段。

考察调研的工作主要由咨询机构的人员担任。这主要是因为企业自身的工作人员在本单位从事调研往往"不识庐山真面目，只缘身在此山中"，各种人际关系、利益关系的影响加上缺乏调研工作的专业培训，使他们受到了较大的局限：或者是被调研者有顾虑不会为他们提供真实想法；或者是他们对一些情况熟视无睹，习以为常；或者是他们对调研情况不能做出客观的判断。

考察调研工作由咨询顾问担任，能够确保考察调研工作的客观性和规范性。

客观性是指，咨询顾问作为社会中介机构人员，其职业要求他们保持公信力，用第三方的眼光对企业进行考察调研。他们对企业本身没有成见，故而有可能在本企业人员习以为常的情况中发现潜在问题。相对而言，他们所调研的情况和得出的判断比较客观。

规范性是指，咨询顾问接受过考察调研的专业训练，具有较多考察调研的技巧和实践经验，能够运用较为科学的调研分析方法，他们往往能够和被调研者进行友好的沟通，具有一般人所不具有的善于与人沟通的面谈方法和聆听技巧。因此，他们的考察调研往往会取得较真实和丰富的材料，有助于如实反映企业的实际。

二是考察调研的主要内容。企业文化建设工程的考察调研有别于企业管理咨询的其他问题，考察调研始终以企业文化建设工程为核心。企业文化与企业制度、企业经营战略是相互影响、相互依存的关系，所以，在对一家企业进行企业文化考察时，不能只考察它的文化现象，还要涉及企业的制度和经营战略。

首先，企业文化形成背景因素分析。企业文化的形成受很多因素综合影响，创始人、领导人、行业特征、地域文化、社会文化、重大事件、业务特征等都会对企业文化的形成产生或多或少的影响，准确地界定企业文化的影响因素是企业文化调研中不可或缺的内容。

其次，企业文化现象的分析。所有的企业从诞生的那天起，无论人们是否意识到，其自身的企业文化亦相随而生。但此企业文化一般未经系统的整合，常常只是一些凌乱的现象，包括不成体系的企业理念、行为规范和企业标识等。对此，我们称之为弱势企业文化；而要使一家企业的企业文化能够发挥真正的效用，必须建设企业的强势企业文化。而强势企业文化只有经过文化自觉、科学塑造才能升华为成熟的体系。

通过企业文化现象的详尽分析，找准企业文化个性定位和企业文化发展、变革的方向，这是企业文化调研中的核心内容，是企业文化建设工程中至关重要的环节。

再次，企业发展历史的整理。企业文化的积淀与企业发展过程中的重大事件、重要人物等诸要素有很大的关系，通过对企业发展历史的回顾和反思，发现企业优秀的传统和作风，可以为企业文化理念的提炼提供最佳的素材。

又次，管理冲突分析。由于思维模式、组织忠诚度、个人素质、个性爱好、人生观等因素的影响，员工的客观责任和主观责任之间经常出现不一致的现象，对外表现为管理冲突，通过对管理冲突的分析，可以找到企业价值观的冲突，如效率与质量、人本与规范等。

最后，制度与企业文化适应性评估。企业制度安排与企业文化之间的匹配性是企业文化健康发展的关键因素。认真审视制度安排所体现的价值倾向，发现其与企业倡导的文化理念的差距，为制度的完善打下基础。

第三，企业文化考察调研的基本方法。企业文化考察调研的基本方法如下：

一是资料查阅。在企业文化建设工程启动前，即制订计划时，就要广泛并有选择地收集调阅企业的各种文字资料。资料查阅，是一项十分扎实的基础工作，如查阅历史沿革，可了解企业发展历程和企业传统文化；查阅工作总结报告，可了解企业现实的基本经营状况和制度安排；查阅企业报刊，就是巡视企业文化园地，可了解企业近年的各种活动，特别是能理出文化思想的脉络；查阅人力资源及组织结构资料，可了解企业人员的基本素质；查阅领导的重要讲话，可了解企业旧的价值取向；查阅企业的经营规划，可了解企业未来的愿望及目标。但查阅资料的同时不能被资料所局限。

二是现场观察。咨询顾问深入企业的生产环境、办公环境、生活环境实地观察，也是企业文化考察调研不可缺少的方法。第三方通过这种方法对企业的文化要素进行直接观察，往往能够留下深刻印象。

三是专题研讨。在考察调研中，举办各种专题研讨会也是十分必要的。专题研讨会要注意两个问题：一是要设定专题，二是要善于引导。高级领导可就企业的体制改革、战略发展和企业文化的主题定位进行研讨；中层管理干部可就企业的制度安排、优势与劣势、团队精神等专题进行研讨；业务技术骨干可就企业的主导产品、营销文化等专题进行研讨；基层员工代表可就员工行为准则、职业道德、对企业文化的期望等专题进行研讨。

关于善于引导。咨询顾问作为会议主持者要善于把握，防止出现下面几种情况：转移专题，言不及义，所研讨的内容不是企业文化建设所需要的；借机发牢骚，发泄对领导层的不满，以致影响企业稳定；有顾虑不说话，会议冷场。主持者要结合企业实际对专题进行阐释，还要善于从发言中捕捉核心要素，抓住大家感兴趣的话题，引导大家集中议论。

四是个人访谈。在企业文化建设工程的实施中，个人访谈是收集信息、掌握素材的最重要的方法。要对企业做出正确客观的诊断评估，必须得到企业各层级人员的真实思想，要得到真实思想，必须向那些当事人直接提问。通过走访他们，可以填补企业文化咨询顾问知识结构的缺陷，并能增加其对该企业的认识和知识。但要注意写好访谈提纲和聆听引导，还要注意写好感谢信。

五是问卷调查。在企业文化建设工程的实践中，问卷调查也是收集信息的重要方法。它可以用来收集有关参与者的主观情况，也同样适用于对工程项目进行数据的分析。在考察企业文化时，用问卷调查的形式了解企业群体的主流意识、主体精神、价值理念的认同度和行为准则的一致性，是一种行之有效的调研方法。

问卷的设计程序：确定所需的信息、选择问题的类型、设计问题、问题检测、准备一份数据信息摘要、完成问卷。

问卷设计的重点问题：如企业发展战略，企业价值理念、企业管理模式、企业人力资源、企业人际沟通、员工评价企业、企业文化形态。

问卷的调查过程：企业文化建设工程的工作人员与咨询顾问共同完成问卷调查确保调查的保密性，实行无记名填写，要使被调查者明确调查目的，对调查结果进行统计、比较和分析，向决策委员会提供调查结果即分析报告。

5. 关键要点

（1）企业文化建设的总体目标。培育先进文化，提升员工素质，内强灵魂，外塑形象。

（2）企业文化建设的主体。企业文化建设主要涉及企业领导人、企业文化建设领导小组、企业文化处、企业中层管理者、企业员工和外聘企业文化专家等几类重要主体，他们分别扮演不同的角色，履行不同的职能。

（3）企业文化建设的时机。总结成功企业的经验，企业超常规发展时、业绩平平或陷入困境时、企业制度转型时、企业领导班子重大变化时、外部环境重大变化时往往是企业文化演变的临界点，是启动企业文化建设的最佳时机。

（4）企业文化建设的一般步骤。企业文化建设一般要经历企业文化的测评、设计、实施和巩固四个步骤。

6. 建议课堂计划

本案例可以作为专门的案例讨论课来进行，也可以随着课堂内容的进行穿插讲解。以下是按照时间进度提供的课堂计划建议，仅供参考。

（1）整个案例课的课堂时间控制在 70~80 分钟。

（2）课前计划：提出启发思考题，以便学生在课前完成阅读和初步思考，并查找相关的资料，进行分析和 PPT 的制作。

（3）课中计划：简要的课堂前言，明确主题（2~5 分钟）；分组讨论（30 分钟），告知发言要求，由小组发言（每组 5 分钟，控制在 30 分钟）；引导全班进一步讨论，并进行归纳总结（8~15 分钟）。

（4）课后计划：如有必要，请学员采用报告形式给出更加具体的解决方案，包括具体的职责分工，为后续章节内容做好铺垫。

企业文化变革篇

案例十三
安然企业文化的失败

一、创立企业文化的背景

安然公司（以下简称"安然"）成立于 1930 年，1941~1947 年，随着公司股票上市，公司的股权渐渐分散，到 1979 年，InterNorth 公司成为公司的控股股东，并取代北部天然气公司在纽约证交所挂牌。1985 年，InterNorth 收购竞争对手休斯敦天然气公司，并更名为安然（Enron）。在 2001 年宣告破产之前，安然拥有约 21000 名雇员，是世界上最大的电力、天然气以及电讯公司之一，2000 年披露的营业额达 1010 亿美元之巨。公司连续 6 年被《财富》杂志评选为"美国最具创新精神公司"。然而真正使安然公司在全世界声名大噪的，却是 2002 年这个拥有上千亿元资产的公司在几周内破产，持续多年精心策划乃至制度化、系统化的财务造假丑闻使安然欧洲分公司于 2001 年 11 月 30 日申请破产，美国本部于两日后同样申请破产保护。从那时起，"安然"已经成为公司欺诈以及堕落的象征。

二、事件分析

1. 安然的四大致命错误

从辉煌到陨落，究其原因，安然犯下了四大致命的错误：

（1）"建立在沙滩上的大厦"，经不起冲击。安然曾经利用美国20世纪90年代放松能源市场管制的机会，创造出一个崭新的金融业务：能源交易。这种交易建立在信用的基础上，也就是能源供应者及消费者以安然为媒介达成合约，承诺在几个月或几年之后履行义务。安然利用这种"中间人"的身份大赚特赚，在两年内总收入连翻三番。安然1999年成立的全球第一家商品交易网站"安然在线"，高峰时一天要处理28亿美元的业务。然而，能源交易赚钱来得快，可风险也极大。随着美国经济走入疲软和衰退、股市下滑以及世界能源价格下跌，安然吹起的巨大气泡顷刻间破灭。有分析家评价说安然腾飞是"互联网速度"，安然的陨落同样是"互联网速度"。

（2）大量应用高风险的金融工具，却没有有效的风险防范和披露制度。安然手中握有为数众多的交易契约，交易标的从石油衍生性商品、利率交换契约到宽带服务等不一而足。由于缺乏充分透明的披露制度，除了安然交易人员外，连债权银行都搞不清楚这些合约到底有没有价值，或者值多少钱。安然成功时，人们对这些契约的价值还不存疑问，或者说安然用公司信用为这些契约的价值作了担保，但是当出现问题时，这些契约的价值立刻受到投资者的怀疑，进而加剧了安然公司倒闭的进程。

（3）大量举债以求大发展，但经不起考验。近年来，随着生意越做越大，安然似乎被"胜利冲昏了头脑"，为了大发展而不顾后果四处举债。安然自己的资产负债表上只列了130亿美元，但实际上其负债总额高达400亿美元。有270亿美元的债务一直不为外界所知，其中30亿美元是银行借款，70亿美元为公司债务，170亿美元属能源衍生性商品、信用证以及其他各种复杂的举债工具。

（4）通过财务做假虚增利润。财务舞弊被曝光是安然倒闭的直接原因，安然公司通过财务舞弊虚增利润，使投资者丧失了对公司的信心，直接导致安然公司股票价值的暴跌。财务舞弊虽然不是安然倒闭的根本原因，但是却在其中起了"导火索"的作用。安然财务舞弊的方式是：利用资本重组，形成庞大而复杂的企业组织，通过错综复杂的关联交易虚构利润，利用财务制度上的漏洞隐藏债务。①暗箱作业，将债务、坏账转移到分支公司。有传媒指出，安然的手法是一种"会计的捏造"。美国《商业周刊》认为，"安然将财务的责任从账面实体上消除，创造性地做账，防范任何方面的人士（中下层职员、政府部门、股民等）发现他们的外强中干、外荣内枯的真实情况，已经达到了登峰造极的地步"。②安然利用财经审计的巨大漏洞，进行秘密交易以及"圈内人交易"。《商业周刊》指出，律师、投资银行、会计师们可能捞取了 3 亿美元。《纽约时报》则报道这一金额为 11 亿美元。③利用商业限制的取消，利用政治力量。美国 10 年来商业限制的取消，既促进了自由经济的发展，也造成了安然公司有机可乘的大量空间。安然利用其与美国政界的良好关系，"重写美国政府的能源政策条文"，使能源政策对自己倾斜，从而获得大量利益。④不断制造商业景气的报道，误导股民及公众视听，在安然宣布破产前几个月，安然已将内部掏空，但对外宣传仍然是莺歌燕舞、一片繁荣。

2. 会计师事务所的诚信缺失

2001 年 11 月下旬，美国最大的能源交易商安然承认自 1997 年以来，通过非法手段虚报利润 5.86 亿美元；在与关联公司的内部交易中，不断隐藏债务和损失，管理层从中非法获益。消息传出，立刻引起美国金融与商品交易市场的巨大动荡。

在该事件中，负责对安然财务报表进行审计的安达信成为焦点，人们指责其没有尽到审查职责。在美国证券与交易委员会（SEC）对安然破产事件的调查中，安达信的职业操守受到质疑。安达信 2000 年从安然公司获得的咨询收入高达 2700 万美元，审计收入达 2500 万美元。英国《金融时报》指出，由于会计师事务所的咨询与审计业务没有完全分开，这种关系过于亲密、缺乏独立性的结构，难免会引起会计师事务所与客户"相互勾结"，中介机构的诚信值得怀疑。

在安然正式宣布申请破产程序后，平日竞争激烈的五大会计师事务所（以下简称"五大"）在舆论的巨大压力下，罕见地走到一起。普华永道（Price Waterhouse Coopers）、毕马威（KPMG）、安永（Ernst & Young）、德勤（Deloitte Touche）和安达信（Arthur Anderson）发表联合声明，将继续致力于对财务公开业务的改革，制定新的标准，对企业运营中可能的欺诈行为进行监督。

早在 2001 年 6 月，安达信就被 SEC 指控为美国废弃物管理公司（Waste Management Inc）"欺骗及伪造账目"，被华盛顿联邦法庭罚款 700 万美元。安达信同意支付罚款，并同意遵守 SEC 有关反欺诈行为的禁令；同时，一位资深会计师被罚终身禁入。这是迄今为止安达信受到的最严厉的民事处罚，也是 20 多年来 SEC 首次对"五大"采取如此严厉的处罚措施。安达信与美国废弃物管理公司的业务关系长达数 10 年。过去 10 年中，该公司支付给安达信的费用高达 2000 万美元。据 SEC 调查，数十年来，美国废弃物管理公司的每一位 CFO 及每一位首席会计师都曾经在安达信担任过审计员。安达信在美国废弃物管理公司得到的咨询费约是其审计费的 10 倍。面对公众的质疑，会计师事务所大多辩称被做假公司错误的数据误导，自身不但无辜，且还是受害者。由于"五大"通常既为某上市公司进行审计，也为该企业提供咨询，因此，不可避免地会存在利益冲突。近年来，会计师事务所面对上市公司弄虚作假的问题往往"网开一面"。会计师事务所担心，一旦得罪客户，将无法获得高额的咨询收入。

会计师事务所传统上专注于会计及审计服务，税务咨询、管理咨询业务所占的比例很小。但是，这一情况在 20 世纪 90 年代发生了显著转变。1993 年，美国六大会计师事务所（以下简称"六大"）的管理咨询业务收入仅占总收入的 32%。随着 BRP（企业流程改造）、ERP（企业资源规划）、Y2K（计算机千年问题）维护、网络基础的供应链管理及电子商务等的蓬勃发展，1999 年，"五大"（普华兼并永道后，只剩"五大"）的管理咨询业务收入比重已高达 51%，审计收入的比例则从 45% 降为 30%，另外 19% 为税务规划与咨询收入。

2001 年 2 月离职的 SEC 前主席列维特（Arthur Levitt）在任职期内欲拿"五大"开刀，于 2000 年要求它们分离咨询业务。在列维特看来，会计师事务所的双重身份会引致严重的利益冲突，"贪婪与狂妄"已使会计师确保提供股东健全财务报告的使命产生偏离。致力于拓展利润丰厚的咨询业务，使会计师事务所疏于主业——上市公司的财务审计，直接导致上市公司财务报表质量下降。

在"安然事件"这一有史以来最大的企业破产案中，会计师事务所扮演的角色值得深思。在当今的大众投资时代，金融市场向公众兜售的实际上只有诚信。投资者在将辛苦挣来的血汗钱交给证券公司用于投资股票、债券、公共基金等投资工具时，他们必须确信自己会受到公正对待。在目前全球证券市场震荡不安的情况下，这种信赖尤为珍贵。对于其中道理，SEC 前任主席列维特有着精辟的阐述："诚信是市场的基石，只有它才是推动市场前进的真正力量。"

3. 道德沦丧的连锁反应

安然在 2000 年《财富》世界 500 强中排名第 16，并且在《财富》的调查中连续 4 年荣获"美国最具创新精神的公司"称号。安然总部位于休斯敦，是美国最大的天然气采购商及出售商，控制着美国一条长达 32000 英里的煤气输送管道，同时也是领先的能源批发做市商。安然拥有 340 亿美元资产的发电厂，同时也经营纸、煤和化学药品等日用品，并且提供有关能源输送的咨询、建筑工程等服务。这个庞然大物倒下，不仅影响了美国股市，也影响了世界股市。

与此相连的安达信国际公司（由安达信国际会计公司和安达信国际咨询公司两大部分组成）是全球五大会计公司之一，安达信在 2001 年财政年度的收入为93.4 亿美元，在全球 84 个国家拥有合伙人 4700 名，专业人员 85000 人，在世界各地的合作伙伴超过 2000 家。安达信在安然问题上扮演了不光彩的角色，这与它的内部管理和经营方针以及美国现行会计行业中审计与咨询两项业务不分有直接关系。2001 年，安达信就曾两次因违规操作而被处罚。这是美国证券交易委员会 20 多年来首次对国际会计行业"五大"之一实施的严厉惩罚。现在安达信被毕马威会计师事务所兼并，"五大"也变成了"四大"。

这里，我们一方面应该看到西方法律的严格性，另一方面也应该看到西方外在超越价值系统的缺陷。尽管美国的法律密如蛛网，不可谓不严，但还是让安然和安达信钻了空子。其影响力和破坏力都是巨大的。

自从 2001 年 8 月"安然事件"爆发后，美国股市遇到了信任危机。原以为安达信可能成为安然事件的牺牲品，却没想许多华尔街大鳄都被送上了被告席，而且起诉的范围还在不断扩大，除了美林以外，美洲银行、花旗集团、德意志银行、美林、雷曼兄弟和瑞士信贷的波士顿也都被列入了安然案件的起诉书中，包括民事诉讼以及美国证券交易委员会和各州司法部的行政诉讼。

虽然 2002 年第二季度公布的各种经济数据显示，美国经济已经出现复苏迹象。但是在各种事件不断被揭露的情况下，美国股市不升反降。2002 年 2 月 4 日，股市传出几家上市企业内部财务状况不实的消息：美国电子企业蒂科国际公司在过去 3 年中，部分隐瞒了该公司在过去 700 宗企业收购案中的花费。该公司首席财务官称公司财务报表虽明确地列出了在所有购并中支付的净现金额，但却没有列明所收购公司的总金额，这的确是一大失误。这个消息使蒂科公司的股价大跌 10.67%。同时引发了三大股指纷纷下跌，道琼斯工业平均指数下跌 220.17 点；纳斯达克综合指数下挫 55.71 点；标准普尔 500 种股价指数下跌 27.76 点。2002 年 2 月 4 日这一天，投资者在美国股市的资产缩水了 3000 亿美元（《经济日报》2002 年 2 月 6 日）。3000 亿美元折合人民币 2.4 万亿元，是目前深沪股市流通市值的 1.7 倍。也就是说，参与美国股市的投资者一天损失的市值相当于深沪股市流通市值的 1.7 倍。可见上市公司财务状况不实引起信任危机的后果是十分严重的。

实际上不仅安然公司和安达信引起了连锁反应，美国联邦调查局（FBI）当时还仔细地研究了凯马特的财务记录，以确定这家美国第三大连锁零售商的破产是否存在违法行为，2002 年 5 月 15 日，该公司宣布 2001 财年亏损 24.2 亿美元。2002 年 5 月 20 日美国版《商业周刊》披露，全球最大的飞机制造商波音公司 1996 年与麦道公司合并，但合并时向股东们隐藏了天大的秘密——波音因此次合并增加了上亿美元的成本，导致数位高级经理人离职，并不得不在会计上作假。同时《商业周刊》提出，波音的审计师德勤也可能涉嫌于内。

让人吃惊的是，2002 年 6 月 3 日"美国证券交易委员会宣布，该委员会已同微软公司达成一项解决方案，微软同意今后不再违反会计制度。据该委员会称，微软公司在 1994 年 7 月到 1998 年 6 月期间的会计行为存在严重虚报公司收入的情况，那几年微软公司的盈利情况并非很好，但微软故意将大量应该在公司收入中扣除的储备资金不予计算，给人以利润很高的印象"（《微软公司涉嫌做假账》，《光明日报》2002 年 6 月 5 日）。

然而更大的危机还在后面，2002 年 6 月 26 日《纽约时报》在头版报道，美国第二大长途电话公司——世界通信（WorldCom）承认，在过去五个季度中，先后共虚报了 38 亿美元的利润。这一丑闻有可能让该公司和它 1998 年并购的子公司 MCI 面临破产。这次又牵扯到安达信会计师事务所。

就在美国施乐公司丑闻曝光引起美国股市和西方股市下跌之后的第 3 天，第二轮下跌又开始了。2002 年 7 月 2 日法国《世界报》报道，威望迪（Vivendi）曾在 2001 年 10 月试图避免登记一项 15 亿欧元的贷款交易，这一交易涉及 BskyB 股份的出售。若计入这一数字，该公司将首次出现财务赤字，并且债务也会增加。威望迪的会计丑闻给欧洲市场和美国带来了更大的冲击，道琼斯工业平均指数（以下简称"道指"）下跌了 102 点，至 9007 点，跌幅为 1.1%。道指曾一度下跌至 8960 点。纳斯达克综合指数下跌了 46 点，至 1357 点。香港恒生指数下跌 106 点，伦敦金融时报 100 种股票价格指数全天下跌 139 点，法兰克福股市 DAX 指数重挫 170 点。

有人称华尔街丑闻是比"9·11 事件"更可怕的恐怖事件。人们在反思证券市场的监管，在反思西方的价值观念，甚至在反思"新经济"的负面效应。美国证券交易委员、美国联邦调查局、各州司法部的行政诉讼都在行动，进行着一场大规模的打假运动，其目的是恢复证券市场的信誉度。同时我们也看到各国都在对安然事件进行反思，可以说一场全球性的证券市场规范化的行动正在进行。

美国著名的财经评论家，同时担任《华盛顿邮报》和《国际先驱论坛报》的专栏作家的詹姆斯·格拉斯曼认为"安然事件并不是一个偶然的事件，安然事件当中很多人有不当的行为，我认为这可能反映了在商界中道德的沦丧，就是对于法律和会计规则重视程度的减弱。当然，这并没有达到尖锐的程度，但是确实反映了人们的道德标准在降低"。

三、分析、借鉴与点评

第一，美国跨国经济效益与影响不仅促进和推动世界经济增长和国际金融的活力，而且也刺激和扩展了美国自身经济的持续繁荣和景气。经济全球化的收益通过跨国效益明显得以体现。但是，由于美国经济主导性的强化和全球对美国经贸依赖程度的加深，2000年下半年开始，美国经济的急剧减速使世界经济受到了明显的冲击，经济增长预期逐渐向下调整，这又进一步危及美国经济调整，外围国际环境的恶化使美国经济处于更为艰难的阶段，国际联系的密切加大了美国经济调整的压力。从美国经济发展的角度分析，跨国效益比较突出的体现在美国跨国公司的数量与效益、美国银行的数量与规模以及国际金融危机中美国的作用与影响。从全球角度看，跨国效益使1000家国际大企业的资本达到世界总产值的42%以上，而全球100家最大的跨国公司控制了世界贸易的70%，美国跨国公司的数量与规模影响则更为突出。全球500家最大的跨国公司中，美国拥有1/3的数量。美国企业的发展推动经济的增长，经济的增长得益于企业的效益。美国企业的基本发展趋势表现为：垄断性大企业的经济实力和规模效益不断提高，同时小企业也在进取中迅速发展，企业双向的发展趋势推动美国经济持续快速增长，并对股市形成支持。而大型企业的破产无疑对不景气的美国经济是一个极为负面的因素。

第二，创立一家企业究竟是为了什么。企业文化和价值观的塑造会直接影响着决策者的战略管理。如果说企业文化管理是企业战略管理的最终决定形式，那么这仍然是对企业文化管理的合理性的鄙视。在谈到安然公司破产问题时，通用的前任总裁韦尔奇就道出安然对企业文化的鄙夷："通用过去与安然有很多合作，安然是第一流的石油天然气供应商，但是安然后来转向了贸易，对这一领域他们完全不熟悉，而且雇佣新的人员，改变了自己的企业文化。"这种鄙夷企业文化的结果正是安然的高层把做实业时的理念及"专注战略"完全转移，狂妄而草率地过渡到了所谓创新事业的金融投资。1997年，安然的业务扩大到天然气衍生金融产品的交易，2000年，"商品交易"占安然销售总额的近90%，这些合约形式包括利率到期、金融衍生物和其他复杂的金融商品。然而这种所谓的"创新"就在于：传统的会计制度很难对这些新的合约收益加以确认。这就是"安然陷阱"。毫无疑问，杰夫·斯基林进入安然后已经把安然的企业价值观扭转了，特别是 1997 年，年仅 36 岁的安迪·法斯托被任命为安然 CEO 后，开始了市场需求有限的情况下新一轮的"超常规"扩张，这时的安然已经从一家大型的能源公司，沦为一家从事能源衍生交易的"对冲基金"。新的企业文化和传统行业的企业文化格格不入，在不同企业文化的冲突下安然只能是两者取其一，于是就出现了"未能披露其宽频服务业务的需求下降，而且由于许多参与者缺乏信誉，其创建宽频交易市场的努力没有成功"的事实；"未能及时冲销由其首席财务长管理的某有限合伙公司进行投资的价值，从而事实上虚报了其营运收益报告"和"未能根据美国会计法则冲销受损资产"的结果。狂妄的企业决策者鄙视企业文化的继承与延续规律，正是安然战略管理中最不可能"安然"的因素。

☞ **思考题**

（1）安然事件的根本原因是什么，对我国企业治理有什么借鉴意义。

（2）用安然事件说明诚信缺失对市场经济的影响。

案例十四
杜邦管理文化模式的变革

一、创立企业文化的背景

杜邦公司（以下简称"杜邦"）创立至今已有 200 多年了，最早从生产黑火药起家，发展为今天有 2000 多个产品、年营业额约 40 亿美元、市场价值近 600 亿美元的跨国公司。该公司在 1992~1995 年实行全面改革，通过降低成本来创造价值，员工减少了 20%，高层管理人员减少了 40%~80%，减少层级后加强了快速反应的能力，贴近了消费者，1995 年以来实现了以创造价值带动赢利性增长的模式。1998 年名列《财富》杂志世界 500 强企业第 55 位。杜邦公司的成功，在于适时地进行管理文化模式的变革。

二、杜邦企业文化的变革

家族企业出身的杜邦公司在创业之初采用的是中央集权的组织结构，直至 19 世纪末，掌管大权的"杜邦二世"仍不放心分散和移交权力，其专制独裁式的管理近乎"凯撒模式"。但是，到了 20 世纪初，杜邦公司开始进行管理文化模式的变革，率先独立地应用许多独创性的管理方法和管理技术，不仅把工长一级的技术问题、管理问题规范化，而且把高层管理业务系统化，创造了一整套颇具特色的杜邦管理文化模式，完成了由纯家族企业管理向现代企业管理的转化。

1. 管理创新与文化整合

"杜邦二世"一人管理公司近 40 年，他不仅是企业的首脑，也是整个杜邦家族的一家之长，他事无巨细、独立决策公司的所有事务，还召开家族会议，对就学、婚姻等家庭事务提出意见。虽然这种管理模式与现代企业管理格格不入，但公司这一阶段的发展还算顺利。然而，"杜邦二世"去世后，公司缺乏一个强有力的接班人，传统的经营管理秩序几近崩溃，公司濒临倒闭，三个杜邦堂兄弟用数万美元"买下"了杜邦公司，并重新改组，引进了系统管理模式，使杜邦公司重获新生。

"杜邦三兄弟"的系统管理模式并不是他们三人的发明创造，而是从独立于杜邦母公司的高效爆炸物集团的管理先驱们那里借鉴过来的，这个集团还为三兄弟重建杜邦提供了大量的经理人才。他们通过联合兼并以及各种产品的一体化、多样化，销售与财务的新结合，大大改进了公司的财务状况。杜邦的重组兼并经历了艰辛曲折的过程，1902 年，杜邦公司直接和间接控制了 70 多家公司，为了保护到手的产权，杜邦先后买下了这些公司。此后，杜邦又将这些分散的公司进行有效的文化整合和一体化，通过杜邦经营委员会制定的目标和政策来协调和控制。该委员会于 1903 年成立，是全美最早成立的公司决策机构，开创了公司由一个决策层取代个人进行决策的先河，委员会成员都是副总经理和董事，有四位是杜邦家族的成员，从经营委员会成立起，由杜邦家族单独控制杜邦公司的局面就宣告结束了。

新成立的经营委员会首先进行企业的文化整合，完善管理制度、措施和程序，推广高效爆炸物集团确立的一些政策和管理方法。公司的管理主要通过建立中央参谋职能部门来进行，它们制定政策和选择控制措施，然后由总经理经营委员会下令实施。这个管理过程中形成的大量文件、规章制度都汇集在杜邦公司的"圣经"和"手册"中。公司还建立了中央销售局，由它来制定价格表并强制执行，结束了削价、折扣、秘密协议等不规范的企业行为。在工业用炸药的新产品开发后，公司的专家和工程技术人员按"手册"规定帮助用户安装，实施安全操作和并进行安全记录，公司为此还专门成立了一个交易记录局，任何地方销售的每一包甘油炸药或每一磅炸药都必须以副本报告该局，以便持续地分析公司对每个用户的实际销售额和可能销售额。公司在东部实验站的基础上成立了研究部，雇用了一些杰出的化学家，开发出性能更好的产品。正是采用了这些管理措施和规范化的管理手段，企业行为逐渐做到有章可循。

20 世纪初期，在高效爆炸物领域，杜邦公司在厂址选择、生产效率、标准化、简明化、安全和降低成本等方面实施了一系列改革措施和文化整合，使公司的资产得到了快速增长。1915~1918 年，杜邦公司获利超 2 亿美元，这使它能够投资于通用汽车公司和许多化学公司。到第一次世界大战结束时，以生产销售火药起家的杜邦公司已成为美国最大的金融产业集团。

2. 体制创新与管理理念更新

公司在致力于规章制度、管理模式改革的同时，还十分重视企业体制及制度文化的改革、管理理念的更新。1903 年成立的杜邦执行委员会经过 15 年的探索和改革，到 1918 年已形成较为成熟的经营管理机构：由 27 位董事组成的董事会作为公司的最高经营决策机构，每月的第三个星期一开会。董事会闭会期间，由董事长、副董事长、总经理和六位副总经理组成执行委员会，行使大部分权力，集体负责、分头执行，承担日常的经营决策。每个周三执行委员都会开会，先就日常业务进行审议，并决定处置办法。正式议程的主要内容是听取和审阅各部门经理的业务报告，如生产情况、业务进展、市场销售、效益、存在的问题和建议等，并就进一步采取的措施和对策进行讨论，然后作出决议。执行委员会的最终决定通常采取多数赞成的方式通过，复杂的问题经充分酝酿后协商决定。

除了执行委员会外，董事会还下设财务委员会，其委员多数由不参与日常业务经营的董事们担任。财务委员会决定总公司的财务政策，并对财务活动进行指导和监督，它是掌管"杜邦钱柜"的掌柜。执行委员会在财务上有权使用 400 万美元限额的款项，如有超过，则须经公司的财务委员会同意。

在长期的企业管理实践中，杜邦形成了自己独特的管理理念，其突出的特点就是注重培养高层经理人才。1919 年，杜邦公司绝大部分高层管理人员的年龄在 35~45 岁，他们不仅使杜邦公司以超常的速度发展壮大，还把通用汽车公司从 1921 年的灾难中解救出来。1921 年 1 月，通用汽车公司主要的经理人员几乎都是杜邦公司的人员，通用汽车公司能成为当今世界上最大的汽车公司，就是得益于杜邦的人才战略。

1922 年，杜邦公司对自己的管理理念进行了总结，并对 20 年来的管理改革进行了自我评价，这份总结和评价书指出，杜邦新的分权化组织明显产生了非常好的效果，变家族伙伴领导为公司委员会的集体领导，这个改革是成功的。随着企业兼并和公司规模的扩大，公司进行了适时的文化整合，统一了公司规章制度和公司章程，有利于公司在生产规模日益扩大基础之上的管理。公司的成长、产品种类的增多、业务的拓宽，在决策方面越来越需要领导者具有广博的知识，这些知识涉及各个学科，个人以至家族少数几个人难以胜任。杜邦及时调整了管理模式，最终形成了财政集中、管理分散的杜邦模式，其做法是：让其下属机构成为独立的核算单位，使分散的人员在公司的一个管理小组的领导下，变成一个联合体，这样做既发挥了每个分支机构的积极性和创造性，又不分散实力，在对外竞争中仍可发挥整体的优势。20 世纪初由杜邦公司提出，率先在杜邦公司和通用汽车公司推行的集中与分散相结合的系统管理模式，在过去数十年中被世界各国的公司广泛应用和借鉴，取得了很好的效果，许多公司认识到，企业要想长命，必须革新，而这种革新首先应从管理理念上来一场深刻的变革。

3. 杜邦的环境伦理和企业伦理

维拉斯格在其著作中提到了涉及杜邦公司环境伦理的一个案例。说的是人们对于含氯氟烃破坏环境这一问题的关切度逐步增加，虽然实验室研究早在 1974 年就证实了含氯氟烃可能破坏臭氧层，但杜邦公司直到 13 年后才改变了政策。在 1987 年以前，杜邦还增加了各种新型生产设备，成了含氯氟烃生产的头号大户。1987 年，杜邦高级管理层在其技术人员的苦苦劝说下，终于答应实施限产，目的是到 2000 年全面削减所有含氯氟烃产品。这些声明可能忽视了最为重要的一点，那就是含氯氟烃对于臭氧层到底有无真正的破坏作用尚难确定。学术研究部门一开始就对含氯氟烃对臭氧层的破坏这一问题难以作出定论。1975 年，杜邦曾顶着法律规定的压力，发动了一场含氯氟烃产品的广告运动。另外，杜邦也没有履行 1980 年 4 月的协定，这个协定要求与会的所有含氯氟烃生产大国减少含氯氟烃的产量。

杜邦并不是唯一一家运用自我保护式的群体思维的公司。即便在 1987 年 9

月以后，即在 65 国就削减含氯氟烃产量达成协议后，一些公司仍然为短期利益所诱，置全球未来于不顾。"凯泽科技公司和其他几家生产厂家认为，《蒙特利尔协定》对于他们将是灾难性的"。在 1987 年 4 月 24 日杜邦就宣布了政策的巨大调整，决定减少含氯氟烃的产量，并在世纪之交时完全停止生产含氯氟烃。

很多科学家认为，臭氧层的变薄还将持续至少 20 年。其主要原因在于冰箱、空调和绝缘泡沫中释放出来的氟立昂。这种气体一旦到达同温层，就成了非常稳定而又有效的催化剂。一个含氯氟烃分子可以将成千上万个臭氧分子分解成简单的电分子。

同温层上的臭氧层被破坏以后，会形成臭氧洞。截至 20 世纪 90 年代中期，这种现象主要出现在澳大利亚和新西兰。臭氧层被破坏后，有害的紫外线便直射地球，给人类带来的灾难主要是皮肤癌和大洪水。而对于其他生物来说，紫外线已经破坏了食物链。在南部海洋，浮游生物遭到破坏，不仅减少了世界的氧气生产，也减少了其他生物，特别是鱼类和鲸鱼的食品供应。

20 世纪 90 年代前期的预测触目惊心。即使在 2000 年，全世界能够停止生产含氯氖烃，冰箱等物体中存放的这种气体也会不断扩散，直至 2020 年。预测认为，到 2010 年，臭氧层上的含氯氟烃将达到最大浓度，然后才会出现缓慢的自然减少过程。

1994 年召开的一次题为"臭氧层蜕变的科学鉴定"的科学大会所得出的结论要乐观一点：北半球上空的臭氧层厚度仍将减少 2.5%，到 1998 年将下降到最薄的程度，即比 1960 年厚度下降 13%。这一乐观的观点还指出，到 2040 年，臭氧层可能恢复到 1960 年的水平，即未受任何破坏的状态。但在这一时期到来之前，仍有数以千万计的人将成为皮肤癌患者，特别是在南半球地区，更不用说越来越强的紫外线给环境所带来的破坏。

最后作一点评论。保护臭氧层战役取得的明显胜利可能使人们趋于乐观。然而，必须指出的是，生产含氯氟烃和聚乙烯的只是几家大公司，只要采取公开讨论、政治压力、科技报告和相关条约等手段，这为数不多的公司是可能接受减少产值的政策的。而其他环境问题却是由众多当事人集体所为，而改变这批人的习惯则非易事，最典型的例子就是热带雨林的破坏，而成千上万的无地小农场主则罪不可脱。

在 20 世纪 90 年代，杜邦公司在环境保护方面成了榜样。这一时期，杜邦公司制定了好几项环境政策，其中之一便是减少含氯氟烃的产量，而这项决定是在国家法律规定之前作出的。尽管减少产量是强制性的，但当时出台的政策则远非强制。一般而言，杜邦现在已经享有良好的声誉，"很明显，在破坏环境条约宣布之前，杜邦已经走在市场的前头了"。

三、分析、借鉴与点评

第一，杜邦公司是历经百年的美国大公司。它所创立的经营管理体制曾为美国各大公司所仿效，它的制度文化的变革过程具有时代的特色，从老杜邦建立公司开始，整个 19 世纪公司都是以个人决策进行管理，这一情况亨利时代尤为明显。亨利的模式也被称为"凯撒型管理"，公司主要决策和许多小的决策全由他一个人经手，在他的管理下，公司从其接任时负债 50 多万元到扭亏为盈，并发展成为第一大化学公司，他的成功，是因为顺应了时代的需要。但是，时代在发展，人们的思想、行为方式、生活方式和文化观念都在发生变化。这种变化也反映和渗透到企业管理和企业经营中来，公司的第二代继承人尤金终因不适合时代的发展而失败，尤金的失败说明企业文化应随着公司的发展而变革。

第二，尤金的三个堂兄买下了杜邦公司后，实施了一套集体经营的管理体制，这在当时的美国是第一家。公司实行以董事会为最高决策机构和以公司执行委员会为最高管理机构的组织管理体制，执行委员会有 10 个委员、6 个部门主管、94 个助理，高级经理大多在 40 岁左右。另外，公司建立了预测机构、预算编制和资源分配等管理体制，并进行精细的职能分工。由于建立了集体管理体制，权力高度集中，统一指挥，步调一致，职责分明，使杜邦公司有了很大的发展。此后，公司实施多元化经营，又进行了多次大改革和重组。为了适应这种变化，公司对原有的企业文化和制度文化实施了改革。在体制上，公司实行董事长、总经理和财务会议主席分权制的"三驾马车式"管理模式，并在董事会战略指导下进行分层决策，引进了外聘董事制——聘请企业外部的专家，如大学、咨询机构、银行和其他相关高层次的专业人员等，帮助公司进行企业文化、营销策略、组织体制、企业再造、资本运营等方面的决策。

第三，环境伦理是 21 世纪全球企业共同关注的主题，严峻的现实告诉我们，在 21 世纪，全球所有的企业都将无法避免一个极其尖锐的问题——妨碍人类社会经济水平提高和企业发展的环境恶化问题，在这个问题上，人们要求企业承担更为广泛的经济责任和社会责任，这些责任包括：正确对待生态与环境；科学配置各种社会资源；认真安排绿色产品开发；妥善处理企业与社会公众关系；友好参与国际分工；为国家和社会创造丰富的物质财富和精神财富，让人类享受幸福、安定助工作、学习和生活。更重要的是，在严峻的"全球问题"面前，企业要采取强有力的措施，积极参与解决生态失衡、人口失衡、经济失衡、社会失衡等迫切的问题，帮助全人类走出困境。杜邦公司已经开始承担这方面的社会责任。

☞ 思考题

（1）中国民营企业一般都有家族企业的背景，在发展过程中几乎都遇到不同程度的"分家""内讧"等权力纷争，它们应从杜邦公司的管理文化模式变革中学到些什么。

（2）为什么企业兼并之后必须进行文化整合，杜邦在这个问题上有哪些值得借鉴的东西。

（3）为什么说企业创新是企业保持长盛不衰的根本保证，企业创新的动力来自哪里，为什么说首先必须从管理理念上来一场深刻的变革。

企业伦理与社会责任篇

案例十五
苏泊尔企业伦理的定位

一、背景资料

浙江苏泊尔股份有限公司（以下简称"苏泊尔"）是中国最大、全球第二的炊具研发制造商，是中国厨房小家电领先品牌，是中国炊具行业首家上市公司。苏泊尔创立于 1994 年，总部设在中国杭州。旗下生产的炊具及生活家电产品销往全球 40 多个国家和地区。

二、企业伦理定位

苏泊尔的企业伦理定位狠抓了三个导向，即以顾客需求为导向、以科技和品牌为导向、以消费者安全为导向。

1. 以顾客需求为导向

苏泊尔公司的崛起和高速发展，是推行以顾客为导向的企业理念的结果。近年来，因使用年限过久或操作不当，旧标准压力锅的爆炸事件时有发生。国内贸易部科技质量局 1994 年组织专家对此进行调查研究后，宣布的结果令人吃惊：使用中的旧标准压力锅事故率高达 4.2/10000。这种状况导致消费者"谈锅色变"，越来越多的人对使用压力锅心存惧怕。但是压力锅又具有节能、省时、耐用、保全营养以及多种烹调功能等明显优点，特别适合中国国情。因此广大消费者急需厂家提供既安全可靠又方便使用的新型压力锅。1995 年苏泊尔抓住了这一市场信息，在国家法制保护下，把握贯彻执行国家标准的时机，首家大批生产新国标压力锅供应市场，参与竞争。公司产品以开合盖安全装置、美国硅橡胶密封圈、弹簧安全阀、止推阀安全装置、双套限压阀、整体安装、稳固包装等先进技术，做到了"人无我有"，独占市场鳌头，受到全国消费者的青睐。"苏泊尔安全到家"成了妇孺皆知的广告词。苏泊尔通过开展"走出去，请进来"的国际合作及与大专院校、科研院所的合作，通过自身"攻关"并强化管理，在安全性能、结构创新、材料选优、工艺完善等方面都有了长足的发展。苏泊尔的压力锅体现了如下的先进技术：①全部产品合金化。即压力锅采用 3003 铝合金材料（美国标准代号），实现了与国际铝制品行业的接轨。②表面处理焕然一新。摒弃传统的草酸氧化工艺，采用国际上最先进的自然发色和硬质氧化工艺。采用先进氧化工艺后，产品表层氧化膜增厚，且孔隙率降低，而膜的硬度也会有所增加，长期使用不易脱落。新工艺使压力锅的表面大为改观；自然发色锅柔和明净、光滑如漆；硬质锅黝黑透亮、坚硬如钢，且有不粘性能。③安全性能进一步提高。改进后的安全阀、止推阀、侧窗形成了三个不同数级的安全装置，使苏泊尔牌压力锅真正做到了三级保险。特别是大通径、短通路的安全设计思想在三道安全保证中均得到了应用，这是许多企业所不具备的。实现这三道保险后，安全性能有了更大程度上的保证。④新颖的造型。手柄流线设计且有金属护套，给人以崭新的感受。以上的改进做到了"人有我优"。

市场竞争犹如逆水行舟，不进则退。尽管苏泊尔在技术上至今保持着领先的优势，但是其并不以此自满，竞争的紧迫感以及以技术进步为企业发展的动力这一方针丝毫未予松懈。苏泊尔大力加强产品开发和工艺研究能力，不断地开发各类新型压力锅、电压力锅、其他家庭厨房炊具和医用消毒系列产品，这些技术储备保证苏泊尔公司在实施前两步战略，即由"人无我有"到"人有我优"的基础上，实现"人优我新"的第三步战略。

2. 以科技和品牌为导向

公司扩大经营规模，精心推行名牌战略。两年来，苏泊尔公司之所以取得优异的业绩，在很大程度上还是得益于规模效益和走质量效益型道路。公司大力加强科技开发，增强技术改造力度。1995 年起，公司在持续旺销的形势下，不失时机地投资扩大生产规模，两年内全公司各分厂、子公司用于大搞技术改造的资金额达 7000 万元，极大地提高了生产力和劳动生产率，并显著降低了生产成本。苏泊尔公司在发展战略的指导下主动适应国家关于企业改革的方针政策，贯彻"三改一加强"，探讨不同所有制企业改组、改制、兼并、联合的道路。在武汉市场成功兼并了武汉液压阀厂和长江铝制品厂，建立了武汉生产基地，与公司总部遥相呼应，开始了苏泊尔资本经营的步伐，实现"中取华中"战略的第一步，并为生产要素的合理配置奠定了一定的基础。由于两年内不断扩大生产规模和进行技术改造，1997 年苏泊尔已形成年产铝合金压力锅 600 万口的能力。在扩大生产规模的同时，苏泊尔十分注重营销网络与维修网络的健全。除西藏、海南外全国各省都有公司派驻职员，经销商已遍布全国城乡，各大中城市共设立维修点160 多个，1997 年底在全国已基本形成苏泊尔品牌营销售后服务网络。立足于长远发展目标，苏泊尔十分注重品牌形象的塑造。因而"推行名牌战略，为振兴中国民族工业做出贡献"是公司的重大决策之一。品牌是企业巨大的无形资产，它不仅是企业的荣誉，也是国家的荣誉、民族的荣誉，体现了民族工业立足于世界经济之林的精神和实力。苏泊尔认识到名牌的核心是质量，是市场竞争取胜的关键。因此，苏泊尔在推行名牌战略的同时，始终把质量视为企业的生命，把健全企业质量保证体系和提高产品质量水平作为提高经济增长质量和效益的重要组成部分，认真落实"质量兴厂""质量兴业"的方针。苏泊尔牌压力锅两年来获得过多次荣誉称号，并多次通过了行业和地方技术监督部门的质量监督抽查。公司为确保质量第一，制订了内控标准，严格加强质量管理。公司于 1997 年即在同行业内率先消灭二级品，高于行业先进水平 20%以上。规模经营、名牌战略本是现代企业获得成功的两个方面，两者相辅相成、缺一不可。实施名牌战略是为了扩大经营规模，反之，如果不能形成经营规模，名牌也就名存实亡。所以，今后苏泊尔还将以名牌战略努力开拓市场，以求更大地发展经营规模，除开拓国内市场外，还要向国际市场进军，以振兴我国民族工业。

3. 以消费者安全为导向

近年来，苏泊尔所取得的丰硕成果，很大程度上来自各级政府的扶持、社会各界的协助以及广大消费者的厚爱。苏泊尔公司以推出符合新国标、提高了安全性能的苏泊尔牌压力锅为起点，历经艰辛，披荆斩棘取得了蓬勃的发展。抚今忆昔，苏泊尔公司股东之一的浙江玉环压力锅厂在数年前曾以商标有偿使用的方式在 3~4 年内陆续生产过近 600 万口老标准"双喜"牌（带 Y 标记）压力锅。这些老标准压力锅大多还在各地消费者家中使用。当然，此前，其他企业生产的老标准压力锅仍在消费者手中使用的更是不计其数。虽然这些按老标准制造的压力锅绝大多数是新国标实施前的产品，作为生产企业无须对当时符合标准且检验合格后出厂的这些产品承担任何追溯责任。但是苏泊尔认为，因为有了全社会的热忱支持才有公司的今天，虽然现在公司生产的产品各项指标合格，安全性能大大提高。但想到老标准压力锅时，心中十分不安。因为这些老产品在结构、性能等方面都无法与现在的产品相比，并且容易因使用不当发生事故。事实上，这些老产品已有个别发生事故。苏泊尔认为，每一位有作为、有良心的企业家都不应该只是为了自己企业赚钱，而应该具备社会效益观念，应当有社会责任感。特别是生产涉及安全的产品的企业，应当时刻心系消费者。苏泊尔采用以旧换新的方法回报社会关爱，得到社会各界的好评，中国五金协会负责人多次表示，这是有益于社会的义举。符合标准的新产品打入市场，又敢于竞争，善于竞争，以规模经营和名牌战略占领了较大的市场份额，因而获得了显著的业绩。同时苏泊尔清醒地认识到自身还存在不少亟待解决的问题。苏泊尔公司要从目前这样的小小竹排建造成一艘有社会主义特色的企业"航空母舰"，任重而道远，仍需不断学习，不断努力。为保持持续发展的态势，苏泊尔确立以炊具起步进而不断拓展的思想，在炊具行业中，苏泊尔的发展目标是：一定要占领国内压力锅这个小市场中的小份额、普通炊具这个中市场的中份额、电炊具这个大市场的大份额；将苏泊尔公司办成中国炊具行业的"大哥大"，努力去国际市场角逐一番。

苏泊尔公司确定了如下工作方针：突出加强内部管理；高度重视新产品开发；扩大市场占有率；精心组织营销网络；审慎拓展第二支柱产业。苏泊尔还将坚持质量第一的方针，遵循"国家质量振兴纲要"所提出的各项要求，不断提高质量法制观念，进一步推动实施名牌战略。为增强公司科技研发实力，在建立健全公司研发中心的同时，本着优势互补、互为依托的原则，继续加强与高校和科研机构的合作。尽管有些工作还刚刚起步，但至少表明，苏泊尔公司没有安于现状，它从转变观念着手，实施名牌战略，追求规模效益，积极参与国际市场竞争，显示了勃勃的生机和活力。

三、分析、借鉴与点评

第一，苏泊尔的企业伦理定位狠抓了以顾客需求为导向、以科技和品牌为导向、以消费者安全为导向，使企业得到了飞速发展。企业经营是一种"双赢游戏"，过去人们总是以为企业赚的钱多了，利益相关者就会受到损失，其实，只要企业伦理定位正确，一切从消费者的利益出发，企业产品得到消费者的认可，企业得到了发展，消费者也得到了实惠。如果只是对自己有好处，对消费者没有好处或带来危害（生产的产品给消费者造成安全隐患），企业就不可能长期发展，结果是两败俱伤。

第二，中国企业家只要多了解一点通用总裁韦尔奇、可口可乐总裁艾维斯特、戴尔的总裁米歇尔、沃尔玛特的总裁格拉斯，以及日本的松下幸之助、稻盛和夫就会知道，他们事业上的成功，无一例外都奉行了经营和伦理相结合的企业理念。虽然美国、日本的企业伦理与中国的企业伦理不完全相同，但是其基本原则都是一致的，如不能伤害顾客、诚实、守信、时效、尊重、互助等。因此，美国、日本的经验对我们理解和贯彻企业经营、企业管理与企业伦理的原则是大有益处的。

第三，一些人认为做生意、搞经营就无法讲企业伦理，讲企业伦理就做不好经营，把企业经营和企业伦理对立起来，这是对经营和伦理的误解，也是对企业伦理的歪曲。事实上，企业伦理早已渗透在企业经营之中，如质量第一，顾客至上，这些基本的企业伦理原则是全世界共同认可的，谁违背了这些基本的企业伦理准则，谁就不可能赢得市场和消费者。企业伦理和企业经营业绩是紧密相关的，当然，讲究企业伦理常常意味着好的经济效益，但是好的经济效益并不一定是企业伦理所带来的。讲究企业伦理对企业有没有好处？这是企业所关心的一件事。这要看"好处"指的是什么？如果是指眼前的经济利益，那就不一定，如果是指长远利益，那么回答是肯定的。讲究企业伦理能产生竞争优势（Competitive Advantage）。企业伦理对企业是有利的，这一点已经被越来越多的企业家所了解。企业伦理的实践靠谁？靠全体员工、靠全体管理者，特别是最高的管理者。

👉 思考题

（1）苏泊尔的企业伦理定位抓住了哪三个导向，它对企业经营产生了什么影响。

（2）为什么说中国的企业家要多了解一点通用的总裁韦尔奇、可口可乐的总裁艾维斯特、戴尔的总裁米歇尔、沃尔玛特的总裁格拉斯，以及日本的松下幸之助、稻盛和夫等外国企业家，他们事业上的成功与奉行经营和伦理相结合的企业理念有什么关系。

（3）一些人认为做生意、搞经营就无法讲企业伦理，讲企业伦理就做不好经营，你是怎样看这个问题的；为什么说企业伦理早已渗透在企业经营之中；为什么说对于诸如质量第一，顾客至上这些基本的企业伦理原则，如果谁违背了它，谁就不可能赢得市场和消费者；企业伦理和企业经营业绩有什么关系；讲究企业伦理意味着好的经济效益，好的经济效益是否一定是企业伦理所带来的。

领导者与企业文化篇

案例十六
神威药业的"精、气、神"

一、创立企业文化的背景

神威药业集团公司（以下简称"神威"）是中国中药行业十强企业、现代中药的代表企业，是香港联合交易所市值最大的医药类上市公司。"神威""五福"商标是中国驰名商标，"神威"品牌为中国 500 强最具价值品牌。

神威主要针对中老年用药、儿童用药、抗病毒用药三大高速增长的目标市场，专注发展现代中药新剂型、新产品，形成了以处方药为主，以现代中药注射液、中药软胶囊、中药颗粒剂三大剂型为特色的强大优势产品组合。神威是国内最大、技术水平最高的现代中药注射液、中药软胶囊、中药颗粒剂生产企业，主要品种有神威清开灵注射液、神威参麦注射液、神威舒血宁注射液、五福心脑清软胶囊、神苗小儿清肺化痰颗粒等品种。

神威药业先后荣获全国五一劳动奖状、福布斯亚洲 200 强最佳企业、全国模范劳动关系和谐企业、中国十大最受赞赏的医药企业、全国百姓放心药突出贡献企业、行业内最具成长力的自主品牌企业等上百项光荣称号。企业文化建设获得了全国最高荣誉"全国企业文化优秀奖"。

二、文化是企业的发动机

企业文化是一个企业的"精、气、神"。神威药业集团董事长兼总裁李振江曾经打过一个比方来形容企业文化。他说如果把企业比喻成一架战车的话，那么战略是方向盘，激励是油门，控制是刹车，而文化就是发动机，它是保证企业不断向前的动力之源。可见企业文化是企业的灵魂，是企业员工的行为准则，是员工归属感的凝聚器。优秀的企业文化可以造就优秀的员工，可以造就优秀的产品，可以造就优秀的品牌，是保证企业可持续性发展的关键，是企业的"精、气、神"。

经过 20 多年的积累与沉淀，神威药业形成了以"敬重生命、尊重价值、着重严细、推重创新"为核心价值观的文化体系，并将其打造成为企业的核心竞争力。

1. 以身作则，坚持原则

领导者是企业文化的发起者和倡导者，领导的言谈举止是企业文化最好的诠释。海尔总裁张瑞敏认为自己在海尔担任两种角色：第一是设计师，在企业发展中使组织结构适应企业发展；第二是牧师，不断地布道，使员工接受企业文化，把员工自身价值的体现和企业目标的实现结合起来。可见，领导者在企业文化建设中具有重要地位，发挥着重要作用。

神威药业总裁李振江常说，凡要求员工做到的首先自己做到，凡要求员工不做的首先自己不做。他带头遵守公司制度，坚持制度面前人人平等。

自 1984 年起，李振江总裁在公司内率先垂范，以身作则，首先做到不滥用权，不搞特权，不谋私权。例如，作为当地一家著名企业，求职的人多，拉关系求职的人也多，但无论是亲朋好友还是上级领导打招呼，李振江总裁都坚持公司的用人制度，不讲人情，所有招聘公开进行，符合公司用人标准的留，不符合的淘汰，宁可得罪人也不违反公司制度。公司坚持"能者上、平者让、庸者下"的用人政策，起初被免职、下岗的人到处告状，李振江顶住压力，宁可听骂声也不放松原则。

俗话说，上宽一寸，下松一尺。李振江在日常工作中严格要求自己，从不搞特权。就餐在员工餐厅，与员工一样排队，掏钱打饭；出差住宿不住五星级宾馆，干净就行；乘飞机从不坐头等舱；使用公司药品，同样要以市场价购买。不仅如此，李振江与所有管理人员共同约法：不允许参加员工宴请，不允许接收员工礼品、礼金，不允许假公济私，不允许拉帮结派，进而要求所有涉外人员在与客户的交往中，不能接受客户回扣，不能参加与工作无关的活动，不能吃客户一顿饭。建立礼品台账，凡涉外人员在不能推辞的情况下收受的礼品、礼金，回公司后必须上交。他带头执行，大到珍贵物品、大额现金，小到一盒月饼、一件衬衣，李振江总裁都如实上交公司。在他的带领下，公司逐渐形成了公平、公正、平等、透明的企业文化环境。

领导的以身作则还体现在创业、勤业、敬业上。早在 20 世纪八九十年代，李振江凭着自己的胆识在河北省率先进行承包试点，神威成为河北省第一个进行股份制试点，全国第一家由县域企业晋升为国家二级企业的公司；2004 年，神威又是全国第一家在香港 A 股上市的现代中药企业，致力于打造全国最大的现代中药注射剂、软胶囊、颗粒剂生产基地。李振江时刻处于一种创业状态，不断自我加压，主动迎接挑战，带领神威不断向一个又一个更新的台阶迈进。

李振江时刻保持着创业的激情，在日常工作中，他不讲节假日、休息时间，加班最多，出勤最多，被人称为"工作狂"。2009 年是神威大发展的一年，基建项目多，如果他在项目筹划上有了好构思，晚上 12 点还会与基建人员进行沟通切磋。

在安全上，李振江注重抓细节隐患，善于"小题大做"。设专职安全消防员，建三级安全网，定期培训演练。在他看来，"细节决定安危"，安全无小事，不抓安全就意味着浪费，更无异于杀人放火。

质量上，李振江坚持一票否决，不惜巨资引进先进的设备、人才、技术，严格把关，不让一个不合格品流入市场，同时，他坚决制止以降低质量标准实现采购成本降低的行为，认为这是对企业、员工、消费者、社会犯罪。

管理上，李振江着重严细、推重创新、尊重价值，倡导阳光精神、阳光作风。在他的示范影响下，神威早在 20 世纪 80 年代初期就形成了"严、敏、实、廉、公、正"的企业作风，"品德为首、勤业为本、廉洁为根"的企业行为，及"市场意识、成本意识、忧患意识、竞争意识、服务意识、全局意识"等员工意识，形成了独具特色的"严细"文化。

尽管领导能做到不滥用权、不搞特权、不谋私权，并做到了创业、勤业、敬业，但不一定就能形成期望的文化，究其原因，还在于是否做到了"持之以恒"。我们都知道，再简单的事做到千百次就是不简单，再容易的事做对千百次就是不容易。在神威，凡李振江以身作则的事和其倡导的文化理念，他不仅是倡导者，更是坚持到底的执行者。神威发展了二十几年，他就坚持了二十几年，这样做已经成了他的习惯，也正因为李振江的持之以恒，神威文化得以积累、沉淀、提升，形成了自己的特色。

2. 因文定制，相辅相成

任何制度的制定都体现着制定者的思想与理念，文化是制定制度的指导思想。文化理念通过制度的强制，使员工发生符合企业理念与价值观的行为，促进企业向前发展。例如，公司倡导"赛马不相马"，各岗位人才均通过内部竞聘的方式竞争上岗。公司提倡"阳光采购"，先后出台了《重大项目招投标管理制度》《重大项目监督管理制度》《设备采购管理制度》《原辅料生产采购管理制度》等，采购人员严格按照制度去执行，从而保证了公司各项采购活动公平、公开的进行，企业文化也通过制度的强制要求得以落实。再如，在日常行为管理中，公司规定徒步必须走人行道，就餐后坐椅归位，提前 15 分钟到岗做卫生，不准班前酗酒，车间员工不准留长发等，一开始许多人不理解，也坚持不了。公司先定制度，监督员工遵守，违反规定进行警告、考核，时间长了，员工们就形成了习惯。就这样，文化因制度获得落实，随着时间推移与强化，制度的强制作用逐渐减弱，文化的引导作用逐渐增强。

文化管理与制度管理是相辅相成的。如果把组织比作一个大球，制度则是装在这个大球之中的小球，"球"可以把某个具体环节规定得十分圆满，但是球与球之间还是存在空隙，这时，企业文化就好比水，注入它，不仅可以使小球的运转润滑，而且还能填充空隙。例如，卫生间的水龙头未关严是谁的责任，制度规定得未必具体，即使制度规定得具体，若管理者未及时发现也难以追究责任。但是，良好的企业文化却可以使这种情况随时随地得到处理。在神威，没有专职的卫生清洁工，但厂区看不到垃圾，因为哪怕一张废纸，第一个发现的人一定会把它拾起来扔进垃圾桶。没有制度规定，但大家都会去做，因为这是文化提倡的。虽然同组织、制度相比，文化缺少刚性，但是，恰恰是其软性决定了它的力度和深度，使它能够深入人心，与制度相辅相成。

3. 培训教育，常抓不懈

随着企业不断发展，相信每个企业都会迎来一批又一批新员工的加盟，他们为企业补充了新鲜血液，同时也带来了四面八方的习惯。神威在新员工入职培训中开设了"企业文化"课程，讲企业发展史、企业文化理念、企业文化案例，首先让新员工对企业文化进行认知。到公司实习期间，新员工还要参观企业展厅和企业文化墙，与资深的老员工结成师徒关系，接受老员工的言传身教。总之，公司通过多种形式，使新员工尽早融入企业文化中来。

对于在职员工，公司通常借助"五一""七一"、厂庆、年会、质量月、安全月、普法月等节日，结合公司倡导的理念进行企业文化培训教育，例如，组织党员到西柏坡、白洋淀接受爱国主义教育，组织质量展览、进行质量培训；同时，借助社会上出现的正反面典型事件，佐证企业文化理念的正确性、必要性。如"三鹿事件"在网上曝光后，公司第一时间召开质量专题会，剖析三鹿出现问题的原因，引导大家认识到不重视质量的严重性，之后随着"三鹿事件"的深入发展，公司先后召开4次质量专题会，并进行质量隐患大排查。

在神威，培训不仅通过讲座、会议进行，还通过各种形式的活动开展。例如，李振江从香港买回廉政公署反贪倡廉的影片让大家集中观看，组织涉外员工参观监狱，听取贪污受贿人员现身说法，进行廉洁自律教育；集中收看每一年度的"感动中国"，弘扬优秀的中华美德。另外还通过组织演讲比赛、神威之歌大合唱、评比最具责任心员工、举办先进事迹报告会等多种形式宣传企业文化，强调文化的作用，将广大员工的思想归拢到企业文化上，保证企业健康发展。

4. 舆论宣传，营造环境

俗话说，近朱者赤，近墨者黑。环境对人的影响力是很大的。在传播企业文化上，同样要营造企业文化生存的环境。文化环境的营造离不开舆论宣传，神威先后编制了《阳光文化手册》《神威颂——神威新闻报道选编》《先进人物事迹报告》，录制了《神威之路》《命运与共》，建立了展厅、企业文化墙、企业文化牌、大屏幕、内刊等，将践行企业文化的人、事通过各种载体向广大员工传播，使员工能随时随处"看得到"企业文化。要使企业文化"听得到"，神威充分利用公司广播、壁挂电视及时播放企业新闻动态、文化故事、《神威之歌》等，让员工随时随处在听觉上感受到企业文化。要使企业文化"做得到"，这里强调了企业文化的广泛参与性。在这方面，公司工会发挥了重要作用。工会将企业文化融于娱乐活动，每季度都会组织丰富多彩的娱乐活动，如拔河比赛、趣味运动会、先进事迹报告会、演讲比赛等，寓教于乐，使职工在潜移默化之间融入企业倡导的文化中。

5. 典型事例，重奖重罚

在神威，李振江经常说的一句话是"为企业做出贡献的员工要给名、给利、给舒服"，他是这样说的，也是这样做的。公司设立"总裁特别奖"，奖励那些为公司发展做出突出贡献的员工。2008年，3位员工因为成绩突出，每人获得价值10万元的轿车一辆。

对于那些默默无闻、坚守岗位的员工，李总提出"决不让老实人吃亏"，每年奖励上百名岗位优秀员工。2008年，公司一次评选出13位最具责任心基层员工，奖励他们带薪双飞海南五日游。总之，对于企业内涌现出的优秀典型，公司随时发现，随时表彰奖励。

但是，对于违反神威规章制度、员工行为规范者，公司也决不姑息迁就。神威成立审计部，负责集团公司日常经营活动的监督检查，及时通报、处理违纪违法情况。向经销商公开投诉电话，对销售人员利用职务便利侵占公司费用的情况严惩不贷。对供应商明确所有物料验收标准，实行双人复核制，对采购、验收人员的违纪行为决不姑息。

而且，企业文化执行情况还作为员工评优、职位晋升、业绩评价的重要指标，不符合企业文化要求的实行"一票否决"。

俗话说，事实胜于雄辩。神威药业通过典型事例宣传企业文化理念，达到以事明理的作用。通过典型案例，有力地鼓励了先进，鞭策了落后，使员工明白哪些是不能做的，哪些是可以做的，做好了可以得到肯定与奖励，从而统一了所有员工的思想，在公司形成了积极向上的风气。

三、分析、借鉴与点评

企业是社会结构中一个相对独立的单元，是社会发展进程的产物，对社会的发展承担着相应的责任与义务，因而，有人将其称为"社会公民"。对企业进行"公民"这样人性化的解读，说明其有自己独特的思想表达方式——企业文化。

企业文化是企业长期以来内外因素共同作用的产物，表现为员工的理想、信念、价值观、行为准则，思维习惯等。企业文化可以上升为核心竞争力，核心竞争力则可以升华为品牌形象，品牌形象有助于丰富企业文化的内涵。企业文化的共同点是将员工和企业成长有机地结合起来。个性与共性的融合，形成一种学习型的企业文化，它是一种内在的、隐性的、本质的力量。

就企业文化来讲，其实质是人文化。因为文化的产生来源于人的群体，而企业是一定条件下人的聚合，在企业这些特定的群体中，企业家是他们的领袖人物，所以从一定意义上来说，企业文化是企业家文化，是企业经营者文化，是企业领导人文化。没有优秀企业家就不可能创造出优秀的企业文化。如海尔的张瑞敏、松下的松下幸之助，他们的价值观念和性格特征决定着企业精神和企业形象，他们的社会名望和社会影响往往是某种企业文化向社会的辐射。

文化的本质是人化，文化的功能是化人。随着经济科技的发展，人文管理和系统管理时代的到来，管理已被作为生产力的第四个要素，而企业家作为企业管理的最上层，他们的行为是企业的脉搏，他们的灵魂更是企业长盛不衰的支柱。企业家是企业文化建设的灵魂，是企业文化的动力源泉。一方面，静态地看，企业家与企业文化呈现出内在结构——对应的关系，企业家的知识、能力和品质等要素成为企业文化生成的基因，决定着企业文化的性质和风格，并制约和导向着企业文化的个性和发展；另一方面，动态地看，在企业文化塑造、控制、发展的动态过程中，企业家又扮演了定位、创建、控制、变革等举足轻重的角色，从而成为某一企业文化动态模型中第一位的活跃因素。任何企业文化的重大变化都是由企业家来推动完成的。

☞ **思考题**

（1）企业家在企业文化的形成、发展和塑造中发挥什么作用。

（2）神威集团是如何在员工内部培养企业的"精、气、神"的。

跨文化管理篇

案例十七
肯德基进军海外市场的理念审查

一、创立企业文化的背景

肯德基是由哈兰山德士上校于 1939 年创建的。他以含有 11 种草本植物和香料的秘方制成的肯德基家乡鸡，由于工艺独特，香酥爽口，很快就风行美国，并走向世界。肯德基现在已经是个分店遍布全球的超级连锁店，也已形成一个庞大的国际性快餐食品市场。然而，作为第一家进入中国香港市场的美国快餐食品连锁店，肯德基却兵败中国香港，在国际市场拓展中经历了一次与文化投资环境密切相关的重大挫折。

二、肯德基的跨文化经营的理念审查

20 世纪 70 年代初的香港，经济发展和社会变化使社会生活节奏日趋加快，越来越多的居民走出家庭厨房并于户外用餐，从而形成了对快餐食品迅速增长的市场需求。另外，鸡历来是中国人的传统食品之一，不论是从营养价值还是从饮

食偏好来看，都会引起港人的兴趣和食欲。另外，肯德基家乡鸡来港以前，港人还很少尝试美式家乡鸡店，于是肯德基以平均每个月一家的速度连续开了 11 家连锁店。然而，令人惊奇的是，在不到两年的时间里，这些首批进入中国香港的美国肯德基家乡鸡店又全部停业关闭。据当时有关人士分析，问题主要在于投资者缺乏对中国香港本土或地域文化特别是饮食文化的了解。

第一，肯德基虽然知道鸡是中国人的传统食品，但没有进一步了解中国人对这类食品的口味要求，仍用鱼肉喂养鸡，以致破坏了中国鸡特有的口味，反了港人的胃口。

第二，肯德基家乡鸡采用"好味到舔手指"的国际性广告词，也有悖于中国香港居民的观念。

第三，肯德基家乡鸡不在店内设放座位的美国式服务，违背了港人喜好结伴入店进餐、边吃边聊的饮食习惯。大约过了 10 年，肯德基家乡鸡带着先后在马来西亚、新加坡、泰国和菲律宾投资成功的喜悦，于 1986 年 9 月再度登陆港岛。虽然这时的香港快餐业市场份额已被本地食品和麦当劳分别占去七成和两成以上，但面临着更多竞争强手的家乡鸡这回却吸引住了顾客，很快立足并占据了香港快餐市场，在不到两年的时间里，肯德基家乡鸡在中国香港的快餐店就发展到 716 家。约占该公司在世界各地总店数的 1/10，成为中国香港快餐业中与麦当劳、汉堡包和必胜客薄饼并立的四大美式快餐食品之一。

有人把家乡鸡二度进军中国香港的成功归因于该公司在营销策略上所作的如下重要变动：①供应"本地化"的配菜。②快餐店设计高雅，改变了整体形象，并提供店内就餐的座位。③放弃国际性的统一广告词"好味到舔手指"，改为带有浓厚港味的"甘香鲜美石岩口味"。④注重年轻及受过教育的顾客层。⑤高价出售独创的主项食品。⑥一律采用美国鸡，并以美式配方制作。⑦改变业务拥有权，以独家特许经营方式取代合资方式。

肯德基的经营者意识到，12 年中两进香港的成败得失，应当从营销的文化理念上进行总结，以上这些改变都和肯德基加深对中国香港地域文化的了解或对香港文化投资环境的重新认知有很大的关系。进入 20 世纪 80 年代后，随着北美特别是美国在国际上的经济和政治地位日趋重要，其文化影响在中国香港迅速扩大，大有取代以英国为代表的欧式文化之势。在和北美增加交往的过程中，港人特别是年轻而又受过较好教育的公司职员和行政人员，不仅有了尝试过美式快餐的经验，而且对美式饮食风格没有像中国传统文化那样的抵触，甚至还把它作为一种现代文明予以接纳和模仿。肯德基用美国鸡取代中国土鸡，并以美国配方烹制，同时又附带供应本地化配菜的一系列做法，旨在既迎合港人追求美式生活的心态，又照顾中国香港居民对传统文化的依恋，很恰当地把握了中国香港快餐食用者具有深层文化背景的消费心理。另外，新广告词的亲切通俗、饮食环境的高雅舒适、独创主食的高价出售（如果家乡鸡定价太低，港人会把它看成是一种低档快餐食品）、业务经营管理的港人化等，都在各个方面根据实际情况，对公司过去采取的统一的国际市场拓展方式进行了相应的变革，以便跟上港岛地域文化变化的节拍，更好地适应中国香港本地的需求。所以，确切地说，如果没有投资者对中国香港文化投资环境的客观而又细致的分析和评估，也就不会有肯德基家乡鸡在港岛的转败为胜。

1987年肯德基从中国香港北上进军中国大陆市场，在京城闹市前门开张了中国大陆第一家美式快餐店，生意盛况空前。到了1996年上半年，肯德基在中国大陆已有100家连锁店，并计划在1997年底之前发展到200家，肯德基又一次在中国人的饮食市场里获得了成功。肯德基在进入中国大陆快餐市场时已考虑到文化环境因素，意识到中国大陆新的文化投资环境氛围。①中国领导人在思想文化上有了历史性的突破，一改过去对外资的排斥，对外商来华投资实行一系列的优惠和鼓励政策，这为肯德基在中国大陆的投资计划提供了实施的可能。②日益强化的"时间就是金钱"的观念正在中国引起一场生活时间配置的革命，几千年来中国家庭一日三餐厨房忙碌、自炊自饮的生活方式正悄然退出历史舞台。如在我国并不是很发达的北部城市锦州，1995年新工时制实施后，锦州人平均每天用于下厨操持三餐的时间为57分钟，比10年前的87分钟减少了30分钟。中国人正在习惯并接受离开厨房外出就餐。据统计，1985年，全国有餐饮业网点135万个，从业人员376万人，到1995年，这两个数字分别增加到250万个和710万人。1995年，中国整个餐饮业的营业额为1379亿元，与1994年相比，增长幅度超过了12%。另外，还有专家认为，随着中国脱离农业社会，中国传统的

"慢吃慢喝"的生活方式将被抛弃，而作为信息时代的产物，与现代社会相适应的快餐时代即将到来。肯德基来得正是时候。它顺应了观念的变更所引起的对社会化的餐饮业的需求，所以也就很快火爆起来了。③肯德基的成功实际上还利用了部分中国人的崇美意识。纵观历史，不少中国人心目中有一种美国情结。从当年的"苦力贸易"到 20 世纪 80 年代末和 90 年代初的"人蛇偷渡"，从中国台湾始于 20 世纪 50 年代的留学热，到中国大陆 20 世纪 80 年代初发展起来的出国潮，几乎都把美国作为目的地。在那里赚的是硬通货美元，过的是全球一流的生活，去过的人以此为荣，还没去过的人在华侨衣锦还乡的刺激下膨胀了崇美的心态，甚至认为能在自己的国度里按照美国方式生活，消费美国的产品和服务，也是一种身份的象征。最近的一次民意调查表明，收入越高、从事的职业越好、教育程度越高的国人，国货意识越弱，越倾向于购买进口货，在中国文化逐渐多元化的过程中，崇美文化的发展可能最为明显和迅速。如肯德基、必胜客等，实际上它们在本国的市场行情并不红火，甚至可以说比较惨淡，而且在中国从绝对价格和相对价格来看都定价过高，对不少人来说也并不十分对胃口，但就因为是美式快餐，是来自哈兰山德士上校和山姆叔叔家乡的食品，国人便乐于一尝或多次消费。国人拥挤在麦当劳和肯德基的连锁店里的现象不免令人想到这是一种文化消费。肯德基把国人的崇美情绪化为具体的消费行为，使国人都变为缺乏"理性"的经济人。

肯德基跨文化经营的理念审查包括以下几个方面：

首先，注意把对文化环境因素的分析，集中于系统了解一个国家或地区居民的思想文化特征和变动趋向。由于人的价值观念、信仰意识都属于质量指标，不像投资硬环境那样比较容易数量化和度量，有必要建立一个复合指标体系，从不同的角度对思想文化进行综合考察和度量。要做到这一点，就必须大量占有目标国和地区的有关价值观念和思想意识的信息和资料。在使用有关思想文化的第二手资料时，务必剔除原作者个人价值取向和主观推测的影响，以免在评估时发生偏差。必要的时候可考虑通过当地的调查咨询机构进行专项民意测验和调查，以便比较客观地了解当地居民的思想文化状况。

其次，要坚持联系的观点。文化环境是国际投资总环境的一个重要的组成部分，它在影响和决定投资总环境的性质、结构和变动的同时，也会受到其他环境构成的影响，应该说它们之间是一种互动的关系。把文化环境置于整个投资环境系统中进行分析有以下几方面的好处：①有利于认识文化环境在这个系统中所处的位置，即文化环境相对的重要性以及所发挥的作用。②便于了解其他投资环境构成将会对文化环境因素产生什么样的影响，进而明确文化环境结构特征形成的原因。③文化环境因素对投资活动的影响，既可能是直接的，也可能是间接的。前者如崇洋媚外思想造成的国货意识的减弱和洋货需求的增加；后者如通过其他投资环境因素对投资行为产生的阻碍或促进作用。从联系的角度观察分析，把这两种影响综合起来考虑，有助于完整地估计文化环境因素对国际投资行为的总影响和作用。

再次，在评估文化环境因素时，要有动态意识，注意把文化环境的静态分析和动态分析结合起来。静态分析可以帮助我们较好地认识某一时点上文化环境的特点和性质，以及它和其他投资环境因素的内在联系，但无法把握文化环境的变动模式。而文化环境本质上又是一个动态的概念。特别是在现代信息社会，传统社会所特有的在文化环境方面表现出来的情绪在明显减弱，思想文化因素的变化频率在加快。就是在我们这样的国度里，改革开放前后短短的十几年间，大家都强烈地感觉到而且都直接参与了可以说是史无前例的思想文化方面的变革。思想文化的时间变动和国际投资活动所需要的相对稳定的文化环境之间的矛盾，要求我们加强对文化环境因素的动态分析。通过这种分析，不仅可以避免国际投资的风险，而且还可以把握机遇，利用有利的思想文化环境，促成国际投资目的的实现。

最后，要重视文化环境的比较分析。国际投资风险有相当一部分是源于投资国和目标国之间在思想文化上的严重差异，但并不是所有的差异都具有负面影响，有时正是这种文化上的差异会给我们带来投资盈利的机会。进行国与国之间文化环境的比较分析，发现彼此之间的差异，探讨差异的程度和性质、差异存在的原因以及差异变动的趋向等，无疑对调整和改变国际投资的战略决策和具体实施的计划，以便更好地适应或利用新的地域文化，都有极大的参考价值。

三、分析、借鉴与点评

第一，肯德基经营者在 12 年间两进中国香港的成败得失，对我们的跨文化经营是有启发意义的。肯德基的成功同对中国香港地域文化的了解和中国香港文化投资环境的重新认知有很大的关系。进入 20 世纪 80 年代后，随着北美特别是美国在国际上的经济和政治地位日趋提高，改革开放以来多年的引进外资和对外投资的实践，使我们逐步认识到，当目标国际市场和进入该市场的方式明确以后，还必须对初选入围的若干个国家或地区的投资环境进行认真评估和比较分析，以便在此基础上选定投资环境最理想也即投资活动风险最小的国家作为最终的投资目标国。然而，就目前经常被中国采用的几种国际投资环境评估方法来看，中国国际投资环境评估工作至少存在两个问题：①偏重投资硬环境，轻视投资软环境。②在对投资软环境进行评估时，片面强调政治、法律、社会治安等软环境因素，忽视甚至根本不考虑文化软环境。本书围绕第二个问题，首先从理论上讨论文化环境的构成在整个投资环境中的地位和重要性；其次运用美国肯德基家乡鸡进军海外市场的经验教训，分析文化环境对国际投资行为的影响；最后谈谈如何对投资目标国的文化环境因素进行正确的评估。投资环境是一个内容十分丰富、涉及面相当广泛的概念，它包括地理、资源、经济、社会、文化、政治、法律、金融、技术、市场等环境因素。这些投资环境因素既相对独立又彼此联系，是一个似乎庞杂散乱其实又互相依存的矛盾整体。在这个系统中，各环境因素占据不同的地位，呈现各异的变动模式，并对投资行为产生不同的影响。那么文化环境因素究竟在国际投资总环境中占据什么样的位置，又怎样和其他环境构成要素发生联系呢？从理论上来讲，文化有广义文化和狭义文化之分。广义文化是指除了自然界之外一切人为的事物或者是指人类社会历史实践过程中创造的物质财富和精神财富的总和。因此，除了气候、地理、地形和自然资源环境以外，其他的环境因素都属于文化范畴。这样，国际投资环境也就可以简单地分为自然投资环境和文化投资环境两大组成部分，而且后者显然是主要构成，是投资环境评估的主要对象。狭义文化是指人类创造的非物质的或是精神的财富，它包括智能文化（科技、教育、知识语言等）、艺术文化（文学、电影、美术、音乐等）和社会文化三大构成，其中社会文化又称基本文化，是由规范文化和思想文化组成的。规范文化包括社会组织、政治制度、法律形式、伦理道德等文化范畴；而思想文化，又称核心文化，则集中反映人们的理想信仰和价值观念，是一种观念形态的文化。当国际投资环境中的文化环境构成主要是指狭义文化中的思想文化时，一个国家或地区的居民所信奉的价值观念和追求的理想目标就非同一般。它不仅在该地区或国家的投资总环境中处于核心地位，而且影响和决定整个投资环境的性质、水平以及可能发生的变动和发展的方向。例如，改革开放以前，中国在对外关系上推行的闭关锁国的排外政策，在投资环境中表现出来的强烈的与西方敌对的国际政治倾向，以及在行政和法律等方面严格约束，甚至打击国人与海外的私人交往行为等，都直接归因于当时的思想文化环境和唯我文化意识。没有这些属于思想文化的理念、意识的根本性变化，就不会有改革开放，就不会有引进外资和海外投资的今天。

第二，从生产要素市场如劳动力市场来看，在国外直接投资设立的企业主要依靠的是当地的劳动力，尤其是一些普通的生产工人，投资企业向海外子公司派遣的至多不过是一些主要的高级经营管理人员。因此，对目标国或目标地区的劳动力来源及其成本都要进行认真分析。然而，在分析劳动力成本时，投资企业通常关注的是当地劳动力的技术水平和工人的劳动生产率，熟练工人的工资水平，以及工人的社会福利保证费用等，而对资方管理人员与当地生产工人在价值取向、思想意识上是否存在明显的差异和冲突以及这种文化差异和冲突可能对企业经营管理造成什么影响都重视不够，估计不足。结果，源于思想文化差异和冲突的劳资纠纷不断，严重地妨碍了资方设想的实施和生产经营秩序的稳定，给海外直接投资增加了风险。

第三，在产品市场方面，思想文化也占有重要的地位。不同的价值观念、信仰影响着人们的消费方式和消费习惯，进而影响整个消费市场的结构和模式。守旧意识和民族意识强烈的地区往往排斥和拒绝新产品和舶来品；信仰宗教者通常禁食或禁用某些商品；崇洋思想严重的居民则热衷于模仿外国生活方式，以消费舶来品为荣。对人的价值取向和消费行为之间的这种关系，如果不加以客观的研究和估计，有时会导致整个海外投资计划的流产，造成本不应该发生的经济损失。我们必须把包括人们所信奉的价值观念和所追求的理想目标在内的文化环境因素作为国际投资环境评估的重点。

第四，国际投资环境中的文化环境构成既可能阻碍一项投资计划的实施，也可以让投资者获得意想不到的成功，这取决于是否重视对文化环境因素的分析，并准确地把握它的变化轨迹。目标国或目标地区的文化环境因素是投资总环境的核心和基础，对国际投资活动的成败起着决定性的作用。因此，在国际投资环境评估工作中应当正确估计地域文化环境的作用和影响。

☞ **思考题**

（1）肯德基跨文化经营的成功与失败，给我们以什么启示；为什么要进行理念审查。

（2）文化与投资环境有什么关系。

（3）为什么要注意把对文化环境因素的分析集中于系统了解一个国家或地区居民的思想文化特征和变动趋向。

（4）为什么要从不同角度对思想文化进行综合考察和度量，如何做到这一点。

（5）大量占有目标国和目标地区的有关价值观念和思想意识的信息和资料对跨文化经营有什么好处，如何比较客观地了解当地居民的思想文化状况，这对跨文化管理有何意义。